Dorothy Tinfield

**„Ich bringe selbst die Schwächsten
noch heim."**

„Ich bringe selbst
die Schwächsten
noch heim."

Gott

„Denn wenn ich schwach
bin, dann bin ich stark."

Ein Geheimnis, das gelüftet
werden will.

Dieses Buch schrieb ich mir selbst

Bibliografische Information der Deutschen Nationalbibliothek: Die Deutsche Nationalbibliothek verzeichnet diese Publikation in der Deutschen Nationalbibliografie; detaillierte bibliografische Daten sind im Internet über http://dnb.dnb.de abrufbar.

Covergestaltung: Fred-Jürgen Schiele
Alle Bilder im Innenteil gemalt von Dorothy Tinfield
Alle Bibelzitate sind aus der Bibelapp You Version übernommen.

Impressum
© 2020 Dorothy Tinfield
c/o Sabine Roßbach-Schuhen
Ferienhaussiedlung 57a
18519 Stahlbrode

Herstellung und Verlag: BoD – Books on Demand, Norderstedt

ISBN: 978-3-7534-9951-2

Inhaltsverzeichnis

DAS BUCH FÜR SCHWACHE

Oh, mögt ihr denken, dann ist es nicht für mich. Doch einen Gedankengang erlaube dir, bevor du es weglegst.

Ist es nicht stark, mutig und heldenhaft, sich selbst Schwächen einzugestehen und zuzugeben.

Damit meine ich nicht die lapidare Floskel: „Ich bin nun mal so", denn das ist Alibiverhalten. Ich spreche vom Wunsch nach Wachstum, hin zu einer charakterfesten, gestandenen Persönlichkeit, die ihre verborgenen Verwundungen mutig bereit wird zu betrachten und in Heilung zu bringen.

Und das ist das Thema dieses Buches.
Ein Begleiter hin zu dem, der echte Heilung ermöglicht.

Ich bringe selbst die Schwächsten
noch heim
Ich rette dich, ...,
und bringe selbst die Schwächsten noch heim."
Zefanja 3:19 HFA

Er fädelt die Geschicke präzise ein, bringt die Lösung in der Not und händelt die Umstände. Er setzt die Puzzleteile ineinander und versetzt uns ins Staunen, so dass ein Zufall keinesfalls zufällig sein kann.

Was überzeugt uns am meisten, als zu schauen, wie aus für wahr halten Wahrheit wird. Wie es sich in den Umständen beweist und letztendlich dahin führt, dass das Herz bewegt wird von einer ergreifenden Liebe und sich eine Gewissheit tief einbrennt, nämlich, **dass Gott gut ist in der höchsten Form von Qualität.**

Überirdisch gut!

Wann sind wir am schwächsten?

Wenn der innere Kritiker und Verkläger es schafft, uns massiv zu bedrängen.

Wie hat er da die besten Karten, als uns unser ganzes Versagen von jetzt, gestern und überhaupt vor Augen zu malen.

Uns aus der Geborgenheit der Vergebung herausreißt und uns antreibt, ab jetzt wenigstens exakt und christlich zu funktionieren.

Erst verklagt er, dann treibt er mit der Peitsche zur Wiedergutmachung an.

Hauptsache er schafft es, einen Spannungsbogen aufrecht zu erhalten, damit wir nicht in die Geborgenheit zurückfinden.

Wann hat der Verkläger die größte Chance?

Dann, wenn wir die Verklagung annehmen durch Selbstverurteilung und uns ablehnen für unsere Unvollkommenheit. Das Vergleichen mit unseren Mitmenschen ist dazu eine ideale

Steilvorlage. Denn man neigt dazu, sich mit den Starken, Schönen und Großen zu vergleichen. Wir selbst sehen uns zu gering, zu wenig wert und zu unvollkommen. Nicht genug, zu begrenzt und beschnitten. Wir wollen mehr sein. Besser sein. Doch wir sind nur ein Teil des Ganzen. Gott verwendet das Bild des Körpers, an dem jeder nur einen Teil verkörpert, eine Hand oder Fuß oder Auge. Wir wären aber gerne alles. Wir denken, nur dann sind wir gut genug. Wir wurden geprägt und wir haben uns selbst verformt. Somit unter einen großen, nicht erfüllbaren Druck gesetzt. So treibt uns der in uns lebende Stolz in die Ablehnung der eigenen Person.

Dieser Stolz etwas sein zu wollen, mitzuschwimmen im großen Pool, nach dem Diktat der jeweiligen ungeschriebenen Gesetze, übt eine enorme Macht aus.

Hier muss uns klar sein, dass diese Form des Stolzes genau dieses Machtinstrument bedient:

Menschenfurcht, Menschengefälligkeit, Menschenabhängigkeit.

Was für starke Instrumente uns zu beherrschen. Uns mit Ängsten zu treiben. Aber wie komme ich davon los? Niemals durch Funktionieren oder Bedienen der Forderungen.

Wenn ich mir meine Schwachheit eingestehe, ist ein starker Schritt getan. Es ist gut, nun stille zu werden im Reflektieren dessen, was Jesus am Kreuz vollendete, um uns aus diesem Kreislauf auszuhebeln.

Er hat uns nach seinem Bilde, nach seiner Vorstellung und nach seinem Wunsch kreiert. Wunderbar sind seine Werke, das erkannte damals Davids Seele. Mögen wir alle dahin finden, dass auch unsre Seelen das erfassen.

Ich bin das wundervolle Werk eines grandiosen Schöpfers. Er liebt mich so, wie ich bin. Er fand die Lösung für all meine Nöte. Und es war keine einfache Lösung. Diese kostete ihn einen teuren Preis. Er kaufte mich los von der Gebundenheit an den, der mich gefangen hielt. Wenn er meine Vergebung erwarb, warum kann ich mir selbst nicht vergeben?

Weil ich immer noch glaube, echt zu sein, sei gleichbedeutend damit, Mangelhaftigkeit preis zu geben. Ich kann meine Begrenzung nicht akzeptieren. Und schon gar nicht dazu stehen. Ich möchte nicht wahrhaben, wer ich bin. Denn es macht mir Angst, Dinge an mir anzuschauen, die ich lieber ignoriere. Doch diese Angst ist ein gewaltiges Bollwerk und hat das Ziel, meine Heilung zu verhindern. Deshalb stellt sie sich lügenhaft dazwischen und suggeriert mir, dass ich Verlust erlebe, wenn ich wahrhaft hinschaue, meine Grenzen bewusst abstecke und wage, die zu leben, die ich tatsächlich bin. Wenn ich in wahrer Authentizitätt lebe. Dazu heißt es auf jeden Fall den Blick hinein in die verwundeten Herzenspartien zu wagen.

Warum fällt uns das so schwer?

Nun, man durchlebt erneut auf eine gewisse Weise verdrängte, unschöne Vorkommnisse bis hin zu traumatischen Erlebnissen. Schaut in toxische Beziehungskisten hinein und muss sich eingestehen, dass Richtungswechsel, Korrekturen und Vergebung vonnöten sind, wenn etwas Gesundes entstehen soll. Hier helfen natürlich, wenn es nötig wird, Therapien durch Fachleute. Denn diese haben die Erfahrung und die Werkzeuge zur Hilfe anzubieten.

Doch ich bin zutiefst überzeugt, dass wirkliches Wiederherstellen durch die Erkenntnis der Liebe meines Gottes zu mir, das einzig wirkliche Gesundwerden ermöglicht. Denn dieser Gott sagt uns zu, uns seinen Geist in uns wohnend zu platzieren. Er ist eine machtvolle Kraft, die Überwinderkraft, die Auferstehungskraft. Unser Rechtsanwalt und Tröster.

Unser Freund und Begleiter, der liebevoll über all diese Prozesse in uns und mit uns wacht und die Dunkelheit mit seinem Licht durchdringt.

Er ist das Wesen Gottes.

Er ist Gott selbst in uns. Er ist die innewohnende Liebe. Und gemäß dieses seines Wesens handelt er.

Doch dies haben wir nicht automatisch. Wenn wir ihn in unser Herz bewusst aufnehmen, ist es ein eingepflanzter Same, vollständig angelegt und vorhanden, aber nicht in seiner Fülle unsrem Sinn und Bewusstsein entfaltet und erschlossen. Der gesamte Schatz wohnt uns inne, doch er ist noch nicht geborgen. Er ist in unser Herz ausgeschüttet, so sagt uns die Bibel. Doch dieses In-uns-lebendig-werden, seine Kraft entfalten, sind wachstümliche Prozesse. Prozesse,

die wirksam werden, gemäß der Erkenntnis dieser, dem natürlichen Wesen verborgenen Realität.
Wie geht das?
Je mehr ich erfasse, wie sehr ich von Gott geliebt bin, desto mehr wird mein Herz geflutet von diesem gewaltigen Geschenk. Dann werden wir staunen über dieses unfassbare Geschehen an uns. Unfassbar im wörtlichsten Sinne. Somit benötigen wir eine innere Offenbarung über dieses Geheimnis ebenso, wie Glauben an die von Gott an uns ausgesprochen Worte. Wir brauchen Erkenntnis über diesen Gott und dieses gewaltige Werk an uns. Ein neues, lebendiges Herz, eingetauscht gegen ein vormals steinernes. So drückt es die Bibel aus.

„Der Herr, euer Gott, ist in eurer Mitte; und was für ein starker Retter ist er! Von ganzem Herzen freut er sich über euch. Weil er euch liebt, redet er nicht länger über eure Schuld. Ja, er jubelt, wenn er an euch denkt!"»
Zefanja 3:17 HFA

Allein die Botschaften dieser Worte gäben uns Nahrung zum Nachdenken für lange Zeit.
Lasst uns meditieren über solchen Aussagen, sie tief ins Herz einladen. So oft und so lange, bis sie beginnen in uns lebendig zu werden.
Wenn wir in Zukunft Gottes Worte lesen mit dem Bewusstsein, dass wir diese Geliebten sind, dann bewegt sich unser Herz in diese Liebe hinein.

Und ein sicheres Liebessiegel wird sich schützend um unser Herz legen, gegen all die Verklagungen von außen. Dann beginnen auch wir uns selbst gut zu finden. Liebenswürdig anzusehen, weil wir mit großer Inbrunst geliebt werden und akzeptieren uns so, wie wir sind. In uns erwächst die Sehnsucht, immer mehr gesund und heil zu werden und in dieses Bild hineinzuwachsen, das Gott in uns sieht und was wir in Wahrheit sind.

EIN VERSPRECHEN

Wir sagen unsren Kindern:

„Ein Versprechen darf man nicht brechen."

Und wie stellen wir uns selbst zu den Versprechen, die Gott uns in Hülle und Fülle gibt. Glauben wir ihm? Oder lebt in uns der Zweifel, ob Gott sich im „echten" alltäglichen Leben tatsächlich an seine Versprechen hält. Dürfen wir seine Versprechen persönlich für uns annehmen?

Zweimal ja, denn was wäre Gott für ein Gott, was hätte er für einen Charakter, wenn er wortbrüchig würde?

Wir sind seine Kinder, seine Braut, seine Familie. Wer, wenn nicht wir, sind mit seinen Zusagen und Verheißungen belegt?

Und noch mal ja, in mir lebt der Zweifel, immer noch und immer wieder neu.

Doch die Worte meines Gottes leben ebenfalls immer fester, tiefer und umfangreicherer in mir und werden Stück für Stück mit ihrer Kraft den Zweifel verdrängen.

So wird anstatt Sorge Friede die tragende Säule. Wolfhard Margies hat einmal eine Predigt betitelt:

„Sorgst du noch oder lebst du schon?"

Allein diese Worte laden ein, einmal all die wundervollen Verheißungen Gottes an uns durchzukauen, zu verdauen, zu verinnerlichen, so lange, bis sie in uns zum eigentlichen Leben werden.

Ich greife hier nur ein von Gott ausgesprochenes Versprechen heraus:
Ich höre nie auf, dich zu lieben.
Das verspreche ich, der Herr, dein Erlöser."
Jesaja 54:8 HFA

Ja, möget ihr einwenden, das sprach er zu seinem Volk Israel, zu seiner Stadt Jerusalem. Aber lasst uns nicht vergessen, wir sind auch sein. Diejenigen, die eine Beziehung zu Gott haben, eine innere Verbindung zulassen, sind dann ebenso unter diesem Segen, unter all seinen Verheißungen aufbewahrt. Und Gott wirbt um alle, die diese Andockung noch nicht haben. Er wirkt unermüdlich an all den Herzen der Menschenkinder, um diese Liebesbeziehung mit einem jeden leben zu können. Wir brauchen ihn, unseren Er-**löser**, der uns herauslöst aus den Klauen der Macht des Bösen.

Wir brauchen seine Liebe, um in all dem Bösen um uns herum nicht zu ersticken. Und wir brauchen ihn, um selbst nicht immer mehr in dieses Böse verstrickt zu werden. Wir stellen uns das Böse als ersichtlich und durchschaubar vor. Doch das ist es nicht. Es agiert verborgen, intrigant und manipulierend. Es verstellt sich als Engel des Lichtes, als Wolf im Schafspelz, als Tröster und gute Magie. Wie sollen wir ohne dieses Versprechen Gottes bestehen, der als unser Beistand handelt in vollkommener, echter, ungeheuchelter Liebe.

Wer noch glaubt, ohne ihn zurecht zu kommen, ist schon der Lüge auf den Leim gegangen. Denn Jesus sagt einmal, außerhalb von mir könnt ihr nichts tun.

Natürlich meint er nicht, dass wir nichts tun können. Wir bauen Flugzeuge und produzieren die komplexeste elektronische Technik. Wir bauen Wolkenkratzer und Autos, die ohne Fahrer fahren. Ja, wir sind toll. Toll ausgestattet vom Schöpfer. Vom Konstrukteur. Doch wo führt uns alles ohne diesen hin?

In Selbstzerstörung. In Hochmut und Arroganz. In eine narzisstische Menschheit.

Wir brauchen ihn und seine Liebe. Er ist Liebe. Keine Lüge ist in ihm. Wir brauchen die Erlösung durch ihn, um zu sehen. Um zu erkennen. Und um Richtungen zu korrigieren.

Liebe offenbart Wahrheit auf die bestmögliche und einfühlsamste Weise, damit wir auch bereit werden, dieser Liebe zu folgen.

Denn der Gaukler spielt uns falsche Melodien vor und wir folgen ihm wie dem Rattenfänger von Hameln. Wir brauchen Gottes Weisheit darüber und Erkenntnis, dass er es wirklich gut mit uns meint. Unsre Natur ist leider so gestrickt, dass sie glaubt, Gott wäre ein Räuber und würde uns allen Spaß und die Freude rauben. Wir sitzen einem falschen Bild von Gott auf und falsche Religionen treiben die Menschen in Machtstrukturen und Kontrollmechanismen, die letztendlich in Hass und Zerstörung enden. Selbsthass und Selbstzerstörung inbegriffen. Falsche Religion treibt an, erwartet und setzt unter Druck. Benutzt Macht und Manipulation. Verdreht die lebendigen Liebesworte in Aufforderungsverse oder Anfeuerungsslogans. Doch das Leben in einer lebendigen Liebesbeziehung wird sie nicht vermitteln.

Liebe führt in echte Freiheit. Sonst ist Liebe keine Liebe. Liebe ist frei. Liebe wird uns zuerst geschenkt. Gott hat uns zuerst geliebt.

Und er liebt uns. Ohne Wenn und Aber.

Er wird in unsrem Leben diese Liebe sichtbar machen. Erfahrbar machen. So dass kein Zweifel mehr bleibt.

Die Frage an uns ist nun:

Gehen wir auf diese unermüdlich dargereichte Liebeshand ein? Schlagen wir ein und leben wir diese Beziehung?

Eine Beziehung sucht das Herz des Anderen.

Gott reicht uns sein ganzes Herz dar. Er gab es hin für uns. Er starb für uns.

Gehen wir auf dieses Werben ein, hören wir auf die liebevoll ausgesprochenen Worte. Erkennen wir, dass wir zur Braut des Königs wurden. Zu Königen. Wir gehören zur königlichen Familie und das nicht als Dienstherrn, sondern als Familienmitglieder.

Ergreifen wir nur seine helfende Hand um unsren Nöten zu begegnen, oder haben wir auch schon in seine Augen geschaut, den Blickkontakt gesucht?

Wir dürfen mitregieren am göttlichen Plan. Doch das ist natürlich nur möglich, wenn wir diese intime Herzensbeziehung haben und das Herz des Vaters im Himmel kennen gelernt haben.

So schließt sich der Kreis hier wieder.

Ergreife ich die mir entgegengestreckte Liebe und lebe einen vertrauten Umgang mit dem Vater und dem Sohn und dem hl. Geist, der in und um und mit uns ist. Getränkt, umschlossen und verwoben... eins mit uns.

Sehen wir das? Können wir es auch schon leben?

Lebst du schon?

GOTT UND SEIN HERZ

Wer bekannt werden möchte....
oder
Warten auf Gottes Stunde mit dir.

„...forderten ihn seine Brüder auf, mit ihnen nach Judäa zu gehen: »Komm mit und zeig deinen An-hängern dort, welche Wunder du tun kannst! Kein Mensch versteckt sich, wenn er bekannt werden will. (a.Ü....wenn er Anerkennung sucht...) Wenn du schon Wunder vollbringst, dann tu es vor aller Welt!«

So konnten seine Brüder nur reden, weil auch sie nicht an ihn glaubten. Jesus antwortete ihnen: »Jetzt kann ich noch nicht dorthin gehen, weil meine Zeit noch nicht gekommen ist. Ihr könnt ge-hen und tun, was ihr wollt.

Geht ihr nur zum Fest! Ich komme diesmal nicht mit. Denn die Zeit zum Handeln ist für mich noch nicht da."»
Johannes 7:3-6, 8 HFA

Hier sieht man zwischen den Zeilen die Offenbarung der Motivationen und Motive, auch Unterstellung von falschen Beweggründen.
Was treibt mich an?
Mein eigenes Interesse jemand zu sein?
Mitzuspielen mit der angesagten Musik?

Oder ist es das stille Kommunizieren mit meinem Gott, was mich leitet?

Da heißt es nicht immer voran brechen. In der christlichen Szene ist es die Jüngermacherei, in der Bibel findet man die Proselytenmacherei.

An sich gut, doch nur gut im gewachsenen, intimen Kontakt mit dem Herrn, des im Herzen gestalteten Werkes.

Es ist kaum möglich, diesen Unterschied in Worten zu beschreiben, viele Worte um dieses Thema stehen in der Bibel geschrieben und werden genau durch diese zwei Lager bedient. Die Aufforderung zum Tun, konträr zur Überzeugung der Wirksamkeit der Liebe des Herrn in uns.

Diese Worte schickte mir vor einiger Zeit Uwe Dahlke, ein Prediger, dessen Predigtthemen die **Liebe Gottes zu uns** betonen:

„Die Weisheit der Väter der Wüste

Die Väter der Wüste, (eine christliche Einsiedlerbewegung ab dem 3 Jhdt.), haben das **Prinzip**

der Motivation durch Liebe an ihre Schüler weitergegeben...
Während andere geistliche Bewegungen das rechte Tun betonten, ermutigten sie ihre Jünger alles an Kraft und geistiger Energie dranzusetzen, **Gott und sein Herz kennenzulernen!**
Verfasser ist mir nicht bekannt

„Bleib nicht stehen beim Willen (Gesetz) Gottes für dich . . .
Lass nicht ab, bis du Gottes Herz selber gefunden hast . . .
Denn Gott alleine genügt,
Er will sich dir schenken . . .
Dann wird auch dein Leben richtig. . ."
Uwe Dahlke

Gott und sein Herz kennenlernen.

Allein diese Worte reichen, um uns eine ganze Woche, eigentlich grenzenlos, ins Nachdenken über diesen Aspekt zu beschäftigen.
Hier könnte ich nun Seiten füllen, doch das ist nicht der Sinn. Sinn macht, mit dieser Frage im Herzen zu Gott selbst zu gehen.
Sag mir, zeig mir, offenbare mir...
Wer bist du?
Was ist in deinem Herzen?
Was hast du dir für mich ausgedacht?

Dann wird das Leben nicht mehr zu einem sinnvollen Tun, sondern das Tun ist dann aus dem Leben der innigen Gemeinschaft erwachsen.

Im obigen Bibelvers steht, dass seine Jünger so redeten, weil auch sie nicht glaubten.
Das erschreckt, denn folglich hat übereiltes Tun mit Unglauben zu tun. Ich handle aus dem Buchstaben heraus, gehet hin ...und tut. Deswegen ist das Wort nicht falsch, aber falsch verstanden, falsch angewendet. Ich kann erst gehen, wenn ich dazu im Herzen bereitet wurde.
Ich kann erst essen, wenn gekocht...
Ich kann erst Frucht essen, wenn sie fertig gereift ist. Die Frucht ist da, ist schon im winterlichen, kargen Baum angelegt, ist schon im Samenkorn enthalten, aber der wirkliche Zeitpunkt des Genusses ist im rechten Moment des richtigen Reifegrades.
Das wusste Jesus und danach handelte er.
Und seine Jünger verstanden sein Handeln absolut nicht.

Wäre es Gott auf Quantität angekommen, dann hätte er nicht bis zum 30. Lebensjahr gewartet, bis Jesus Mission startete. Drei Jahre von 33. Was für eine restliche, vergeudete Zeit. Was hätte Jesus alles noch erreichen können. So denken wir doch auch nicht.

Jesus drei Jahre waren so spektakulär, dass er heute, 2000 Jahre später noch die Welt revolutioniert.
Es ist die Qualität. Die Sorte Dienst, die in Herzensverbindung zu Gott gereift ist.

*„Menschliches Leben wird von Menschen gebo-
ren, doch geistliches Leben von Gottes Geist."
Johannes 3:6 NBH*

*..... Denn der Buchstabe des Gesetzes bringt den
Tod, der Geist Gottes aber führt zum Leben."
2. Korinther 3:6 NBH*

DU GIBST MIR ANLASS DICH ZU PREISEN

„Heile mich, dann werde ich gesund!
Hilf du mir, dann ist mir wirklich geholfen!
Du gibst mir Anlass, dich zu preisen."
Jeremia 17:14 NBH

Wie oft hört man die Worte:
Danken hilft vor Wanken,...oder...sei dankbar...
Doch wenn man das bis zu Ende durchdenkt, ist Dankbarkeit ein Geschenk. Dankbar sein zu können, ist geschenkt. Dankbarkeit braucht ein Fundament. Einen Grund, auf dem sie aufgebaut werden kann.
Das heißt, ich kann dankbar sein, wenn ich Erlebtes positiv bewerten kann, es mir gutgetan hat und ich dadurch innerlich bewegt wurde. Echte Dankbarkeit, denn das ist es, was ich hier meine, ist im Herzen geboren. Gott will, dass wir Freude in uns tragen.

Er freut sich, wenn es uns gut geht.
Das wird mir beispielhaft verständlich, wenn mein Herz bewegt wird im Erleben unbeschwerter Momente „meiner" mir anvertrauten Kinder. Wenn sie sich für eine Zeit lang wegbewegen von ihren schweren Gedanken in unbeschwert schöne Stunden. Die, die so oft gefangen sind in ihren traurigen Lebensumständen. Dann wird mir bewusst, dass sie einen Motor in sich tragen, der nicht von ihnen selbst kommen kann und ich

spüre die Nähe Gottes zu besonders diesen Kindern. Wenn sie dankbar sind für Zuwendung, empfänglich für Liebe, es zeigen und kundtun können. Das rührt mich zutiefst. Es wirkt in ihnen dieser Beistand, der uns verspricht, bei den Armen und Elenden dieser Welt zu sein. Bei denen, die nicht auf den Höhen umher schreiten, sondern leben müssen mit schwerem, traumatischem Hintergrund.

Da hilft kein Ermahnen dankbar zu sein. Es bleibt nur, mit etwas Liebe zu versuchen (hier wird mir oft die Armut meiner eigenen Liebe bewusst) ihren Alltag aufzuhellen. Und ihnen Hoffnung mitzugeben, dass da jemand ganz besonderes existiert, der sie liebt und der ihnen immer ganz nah ist. Jemand der stark ist und jemand, mit dem man alles bereden kann, auch und gerade die Dinge, die man nicht gut meistert. Das verstehen sie und das nehmen sie im Herzen auf.

Und das ist es wiederum, was mich so glücklich macht. Sie an der Hand zum Herzen eines liebenden Gottes zu leiten. Dort weiß ich sie geborgen, getragen, gelenkt und sicher geleitet, auch wenn das Leben erst einmal eine andere Melodie pfeift.

Dann weiß ich, diese Worte werden wahr. Diese Gebete werden einmal von ihnen selbst gebetet werden. Zum Teil darf ich es schon jetzt miterleben:

„Heile mich, dann werde ich gesund! Hilf du mir,
dann ist mir wirklich geholfen!
Du gibst mir Anlass, dich zu preisen."
Jeremia 17:14 NBH

Und dieses Bewusstsein treibt wiederum mich selbst in Dankbarkeit. Das Wissen genau um diesen Einen, der all das bewirken möchte, bewirken kann und ausführen wird, was er zuvor in seinem Plan hat. Wenn ich schon solche Freude habe an den glücklichen Momenten der Kinder, **wie viel mehr wird Gott Freude daran haben, in uns Unbeschwertheit zu erwecken.** Sein Plan ist es, uns zu lieben, zu heilen und uns in ein befreites Leben zu führen. Wenn ich heilen hier anspreche, spreche ich von einem gesunden, sinnerfüllten Dasein mit freudigem Herzen. Das beinhaltet auch körperliche Heilung, auf jeden Fall aber ein Bejahen des Lebens. Ein Begehren, dieses Leben in Fülle und dem rechten Bewusstsein zu erleben. Zu erkennen, mit welcher Liebe man geliebt ist und wie wertvoll man in Gottes Augen ist. Als Kind des Königs des Universums bewusst zu leben. Und das nicht nur im Kopf zu realisieren, sondern im Herzen zu erfahren.
Ein Mitplaner der Ratschlüsse dieses Königs zu werden und in genau diesen Spuren zu wandeln. Seinen Ratschluss zu erfassen, das ist Leben.
Das macht dankbar!
Diese Liebe Gottes zu mir zulassen, an mich heranlassen, mich von ihm lieben zu lassen...
das ist gar nicht einfach.

DER WUNSCH NACH FREIHEIT

*„Und wo der Geist des Herrn ist, da ist Frei-
heit....Der Herr verändert uns durch seinen Geist,
damit wir ihm immer ähnlicher werden und immer
mehr Anteil an seiner Herrlichkeit bekommen."*
2. Korinther 3:17-18 HFA

Lebt eine **Sehnsucht nach Freiheit** in uns?

Dazu braucht es zunächst ein **Verständnis** darum, was echte Freiheit ist.

Ich brauche eine Erkenntnis über die Dinge, die
mich binden, über die Lebensdiktate, die mich
beherrschen.

Das setzt voraus, dass ich von solchen Gebun-
denheiten überhaupt erst einmal loskommen

möchte. Denn meist lieben wir sie auch, denken, wir brauchen sie oder sind **blind** für den **wirklichen Genuss** und die schädlichen Auswirkungen **schlechten Genusses.**

Denn darum geht es in der Regel, um **Genuss**, der uns Freude oder Befriedigung **vorgaukelt** oder sogar auch zeitweise gibt. Aber niemals ohne **Quittung**.

Wir verwechseln echte Freude mit trügerischer Scheinfreude.

Freude braucht der Mensch.

Sowohl der Geist als auch die Seele.

Das wird oft in christlichen Kreisen negiert und als unfrommer sinnloser Egoismus propagiert.

Das bringt aber Verkümmerung der Seele und treibt genau dahin, wovor man eigentlich fliehen möchte.

Nein, wir brauchen ein ausgewogenes Gesamtkonstrukt unseres Seins.

Eine echte Einheit.

Einklang von Körper, Geist und Seele.

Das wäre die richtige Richtung, dahin zeigt die Freiheit. Dort findet man die wirkliche Freude.

Wie komme ich in diese Spur?

Jesus sagt, „...dass *Er* der Weg, die Wahrheit und das Leben ist. Joh. 14,6

Dass die Freude am Herrn unsre Stärke ist. Neh. 8,10

Er gibt dem Menschen Weisheit, Erkenntnis und Freude. Prediger 2,26"

Er ist der Geber!
Wenn das stimmt, dann muss zuerst einmal diese Einheit hergestellt werden:

Gott und mein ganzheitliches Ich.

Jesus sagt von sich, dass er der **Heil**-and ist.

Er gibt Heil.

Gibt er nur Heil für den Geist?

Er wird Wohnung nehmen in unsrem Geist. Aber er wird sich ebenso um unsre Seele kümmern. Er wird uns bewusst machen, wie sehr diese geschundene Seele im Laufe des Lebensweges **programmiert** wurde. Oft unschön, verängstigt gemacht und mit der **Lüge der Wertlosigkeit** bestückt.

Das versucht die Seele auszugleichen. Was dient besser dazu, als Werke der Selbstbestätigung, um in dieser Welt etwas darzustellen. Anerkannt zu sein. Das bringt uns dahin, Menschen für sich nutzbar zu machen oder je nach Charakter sich selbst Menschen auszuliefern.

Narzissten nutzen die Empathen aus.

Machtmenschen benutzen oft Menschen für sich, die einen geringen Selbstwert ausstrahlen. Wohlgemerkt, alle diese Personengruppen leiden an diesem Mangel, doch die Einen wissen sich den Mangel der Anderen zu Nutze zu machen, je nach Intelligenz, Prägung, oder Opfer-Täter-Konstellation. Manche verdecken ihren Wertemangel mit guten Taten und andere bemächtigen sich böser Handlungen. Doch fest steht, alle bewegen sich auf der horizontalen Ebene.

Zur echten Freiheit muss eine weitere Dimension hinzukommen,

Auch hier gibt es **bildlich** gesprochen zwei Varianten. Die vertikale Ebene hat ein Oben und ein Unten. Hier ist wiederum die Richtung maßgeblich. **Oben wohnt der Ursprung** und die Vollendung. Unten lebt eine gewaltige, **gefallene Existenz**, **hochintelligent** und mit dem erlebten Wissen über den Ursprung von Vater und Sohn und dem eigenen Fall.

Dieses Wesen will Zerstörung.

Seine Taktik ist das Versprechen von Macht, Freude, Freiheit und Herrschaft. Sein Mittel ist die Lüge, seine Kunst die Verstellung und die Maske.

Bei den Einen verführt es mit Selbstzufriedenheit, andere erkennen die Möglichkeit zur Machtausübung, und dritte werden mit Ablenkungsangeboten in der Spur gehalten.

Auf welche Weise auch immer, es wird in die Sackgasse der Gebundenheit, Verblendung oder Verrohung münden. Denn das ist das Ziel: Nur nicht durchdringen zur Wahrheit. Diese als unattraktiv, leblos und voller Verzicht verkaufen.

Das Böse gut und das Gute böse darstellen.

Freies Ausleben aller Triebe, Abschaffung von „veralteten" Familienstrukturen hin zum selbst gewählten Geschlecht propagieren.

„Unfälle" wie Schwangerschaften legal möglichst bis zum neunten Monat beseitigen.

Die Augen verschließen vor Missbrauch und sexueller Triebhaftigkeit an unschuldigen oder gezwungenen Opfern. Hass schüren unter den Menschen, indem man jegliche Objektivität beseitigt und somit steuert, was der Mensch zu glauben hat.

Lebendige Beziehungen werden zerstört und virtuelle Welten nehmen diesen Platz ein.

Ich könnte hier endlos fortsetzen...

Kriege aus Machtansprüchen, überdimensionaler Reichtum gegen abgrundtiefe Armut...

Es würde eine schreckliche und schrecklich lange Liste. Alles nur, um den Weg zur Wahrheit, zum Leben, zu Jesus zu versperren.

Diese Dimension nach oben zu boykottieren.

Diese eine Wahrheit.

Diesen einen Gott.

Und diesen gilt es zu suchen.

Den Weg aus der Finsternis zum Licht.

Ein Weg, in absoluter Liebe kreiert.

Der vertikale Weg nach oben und das Kappen dieser Schnur nach unten.

Wie schön: Er lässt dich nicht in eine Falle laufen. Suche seinen Schutz. Seine Nähe. Sein Licht. Lass dich finden. Klopfe an.

Bitte um Sehnsucht nach seiner Nähe.

Und wisse, dieses Vaterherz wirbt unaufhörlich um deine Liebe, um dein Herz.

Voller Sehnsucht und mit göttlicher Langmut streckt er seine durchbohrten Hände nach dir aus, um dich ganz nah an sein Herz zu drücken.

„Der Herr selbst ist der Grund für deine Zuversicht; er lässt dich nicht in eine Falle laufen."
Sprüche 3:26 HFA

DER WERT DER EIN-SICHT

„Selbst die kostbarsten Perlen verblassen gegenüber dem Wert der Einsicht, sie übertrifft alles, was man sich erträumt."
Sprüche 3:15 HFA

Einsicht

Ein-Sicht, die Sicht hinein in das Herz des Vaters und in das Eigene.
Einsicht...Nicht trennbar von Wahrheit.
Einsicht...Beinhaltet immer Selbstreflexion.
Einsicht...Braucht göttliche Offenbarung.
Einsicht...Eine Sicht in die göttliche Weisheit.

Wie finde ich den Maßstab für diese Behauptungen?

Wo wird die Einsicht und Erkenntnis darüber geeicht?

„...Das Licht ist in die Welt gekommen, aber die Menschen liebten die Finsternis mehr als das Licht. Denn was sie taten, war böse. Wer Böses tut, scheut das Licht und bleibt lieber im Dunkeln, damit niemand ihm seine Taten nachweisen kann."
Johannes 3:19-20 HFA

Bleibe ich lieber im Dunklen oder lasse ich mir den Mut schenken, mich unters Licht zu begeben?

Denn, ...
"was Gott ans Licht bringt wird hell."
Eph.5,13 HFA

Das Licht wird uns nicht verbrennen. Es wir uns zuerst einmal ganz warm machen und liebevoll das Dunkel durchdringen.
Es wird uns überwältigen mit einer Liebe, die uns ins Staunen versetzt und eine tiefe Sehnsucht nach dieser neuen Ein-Sicht bewirken. Davon werden wir nie mehr loskommen. Das ist ihr Wert.

FÜR MICH

bist du schon so gut wie tot!

„Zum assyrischen König aber sagt der Herr:
»Für mich bist du schon so gut wie tot;
ich habe dir das Grab geschaufelt."
Nahum 1,14 HFA

Das ist das Urteil, was längst über den Fürsten dieser Welt, über Satan, den Zerstörer, den Diabolo ausgesprochen ist. Der brüllende Löwe, der an der Leine liegt. Diese Leine hat Gott ihm angelegt. Er versucht uns zu erschrecken, zu beherrschen und betrügen.

Für uns ist entscheidend, wie wir ihn sehen. Begegnen wir ihm in Angst, Furcht und Erschrecken?

Oder erkennen wir Gottes großartigen Sieg?

Je mehr wir diese Wahrheit schauen, erkennen wir diesen Gott voller Güte.

„Er kennt alle, die ihm vertrauen, und ist für sie
eine sichere Zuflucht in Zeiten der Not."
Nahum 1:7 HFA

Uns ist er bereits diese sichere Zuflucht, der wunderbare Bergungsort, der diesen brüllenden Löwen vor langer, langer Zeit schon besiegte. Für ihn ist er lediglich der tote Hund.

Für uns ist es entscheidend, wie wir diesem toten Hund gegenüberstehen.

Im Bewusstsein des Siegers, der einem Besiegten gegenübersteht, oder durchschauen wir die Zusammenhänge noch nicht und lassen uns zum Spielzeug machen, zur Marionette des Lügners. Diese Strategie ist sein Wesen. Er ist der Urheber der Lüge. Dann werden wir vom perfekten Manipulator zu seinen Gunsten gelenkt und glauben noch, weise und selbstständig zu sein.

Wissen wir wirklich, wohin unsre Schuhe uns tragen? Ist uns bewusst, auf wessen Boden wir stehen? Oder meinen wir nur, zu wissen?

Paulus konnte sagen: Ich bin gewiss!

Weißt du es auch?

ICH WILL NICHT MEHR GUT SEIN

Was ist gut?
Meistens diktieren Menschen einem wie „gut" zu sein hat.
Und zwar sehr oft aus Motiven heraus, die ihnen selbst dienen oder zunutze kommen.

Gut sein einfordern als Mittel zum eigenen verfolgten Ziel. Als Instrument zur Manipulation.

Gut sein kann ebenso als Instrument zur Selbstverwirklichung und Selbstdarstellung dienen.
Zum Erhaschen von Anerkennung.

Gut sein im Sinne von, den Nächsten achten und respektieren, wäre das Natürliche. Das, was Gott in so manchen Geboten aussprach...die Nächstenliebe.

„Und weil Gottes Gebote immer stärker missachtet werden, setzt sich das Böse überall durch. Die Liebe wird bei den meisten von euch erkalten."
Matthäus 24:12 HFA

Doch mittlerweile wird einem genau dieses Gebot sehr schwer gemacht. Und man landet immer wieder an der gleichen Grenze:

Ich kann es nicht.

Ich will es nicht mehr.

Ich kann keine echte Liebe geben und die gegebene Liebe der anderen zu mir ist auch oft sehr verletzend. Und es ist gut, dort anzugelangen. Hier erst erkennen wir unsren eigenen Mangel. Hier erst werden wir in unsrem Unvermögen Gottes dargereichte Liebe in Anspruch nehmen.

Da ist der, der gerne lieben möchte und dabei an sich selbst scheitert, weil er durch ständige Verletzungen zu dem Ausspruch gelangt:

„Ich will jetzt nicht mehr lieben."

Wie wunderbar, wenn dieser dann vom Vater im Himmel aufgehoben wird und ihm zugeflüstert wird:

„Das brauchst du auch nicht. Das endlose Versuchen, allen gerecht zu bleiben ist keine Liebe. Auch wenn es in deinem engsten Familienkreis stattfindet. Das ist das grausame Ding, was von außen auf dich gelegt, erwartet oder verlangt wurde.

Du darfst an meinem Herzen zur Ruhe kommen. Dort warm werden. Dort wieder mit Frieden durchtränkt und im Vertrauen gestärkt werden, dass ich es bin, der mit deinem Herzen zurechtkommt. Ich habe hineingepflanzt. Ich bewirke die echte Frucht.

Manchmal sieht meine Liebesfrucht nicht so aus, wie du es dir vorstellst.

*Dann ist wirkliche Liebe ein klares Stoppschild:
Bis hierher und nicht weiter. Dann brauche ich
diesen Raum, um am Gegenüber zu wirken.*

*Öfter wird meine Liebe hart erscheinen, dir sogar
unbarmherzig vorkommen. Doch ruhe weiter an
meiner Brust, halte es aus und klammere dich an
mir fest. Das ist auch eine Weise von Vertrauen,
wenn du bei dir selbst keinen Glauben auf eine
Lösung findest.*

*Ich verstehe es, wenn du sagst: Ich will nicht mehr
gut sein. Es ist gut, wenn du das sagst, denn
dann hast du etwas sehr Wertvolles erfasst. Jetzt
lehre ich dich im Herzen mich und meine Weise zu
erleben. Diese wird dich stabil und sicher durch
den ganzen Strudel von Unsicherheiten und*

*ungelösten Fragen mit **meiner** Liebe geleiten. **Mein** Glaube wird übernehmen.*

*Der Verkläger wird verstummen müssen und Dich nicht weiter mit seiner **teuflischen Ideologie von Liebe** manipulieren. Du wirst los kommen können von Scham und Selbstverklagung. Ein deutliches Nein wird dann für dich in Ordnung sein, **weil du verstehst, dass das Nein dann Liebe ist.** Und es wird dir auf Dauer nicht mehr dein Herz zerreißen. Du wirst nicht aufgerieben werden von den unsäglichen Versuchen, Liebe zu praktizieren oder sogar zu produzieren, weil es keine Liebe ist, die diese zerstörende Wirkung auf dich hat."*

DIE UNSICHTBARE WAND

Toxische Beziehungen

Die Beziehung, die alle zwischenmenschlichen Beziehungen beeinflusst ist die nicht mögliche Beziehung zwischen Licht und Finsternis.

„In ihm war das Leben, und dieses Leben war das Licht für alle Menschen. Es leuchtet in der Finsternis, und die Finsternis hat es nicht auslöschen können."
Johannes 1:4-5 HFA

„Das ist die Botschaft, die wir von Christus gehört haben und die wir euch weitersagen: Gott ist Licht. In ihm gibt es keine Finsternis.
1 Johannes 1:5 HFA

So ist es auch nicht verwunderlich, das wirkliche, echte und erfüllte Beziehungen nur zustande kommen werden, wenn man in dem Lichte wandelt. Denn Licht und Finsternis haben keine Gemeinschaft. Sie sind wie Magnete, die sich gegenseitig abstoßen, wenn sie verkehrt herumgedreht sind. Und wahre Liebe ploppt, eben genau wie diese Magnete, wenn sie sich anziehen. Kraft, die zueinanderstrebt.

Paradigmenwechsel auf Beziehungsebene

Durch viele, viele Jahre im Miteinander, durch viel Versagen allerseits, durch eine nie stattgefundene, gegenseitige Bereinigung, hat sich eine unsichtbare Wand zwischen den Betroffenen aufgestellt.

Diese Wand hat Macht.

Diese Wand ist trotz aller Versuche nicht zu durchdringen.

Diese Wand ist für Außenstehende unsichtbar und leider meist auch nicht nachvollziehbar.

Diese Wand versucht man vielleicht schon seit Jahren zu durchdringen, niederzureißen, zu ignorieren, sich gut zu reden und was sonst noch alles.

Doch sie steht. Bombenfest. Manchmal scheint sie dünner, niedriger geworden zu sein, doch beim Versuch, sie zu übersteigen, scheitert man nach wie vor.

Wovon rede ich hier.

Es ist die Wand **zwischen menschlichen Beziehungen.**

Da steht man beidseitig davor. Möchte sie niederreißen, möchte zueinander. Doch die Wand gibt keine Chance.

So dreht sich jeder wieder um und geht seines Weges.

Wo liegt das Geheimnis der Wand?

Es ist auf dem Weg zu finden, den jeder von uns geht.

Denn es ist die Wand der Un-Einsicht. Die Wand, die durch Stolz aufrecht gehalten wird.

Es ist aber auch die Wand des Schutzes, die ich um mich selbst ziehe und vor dem Anderen aufbaue.

Durch diese Wand kann Liebe nicht durchbrechen.

Es ist die Wand einer **toxischen Beziehung.**

Es ist die Wand, die nur mit Wahrheit und Authentizität durchbrochen werden kann.

Es ist die Wand, die nur mit einer beidseits herabgelassenen Zugbrücke überquert werden kann.

Sie ist unüberbrückbar, wenn nur einer den Flügel herablässt und der andere Teil glaubt, dass dieser ausgefahrene Flügel bis zu ihm reicht und sich ihm beugt oder zu seinen Diensten steht.

Der glaubt, dass es der andere schuldig ist, ihm zu geben, für ihn da zu sein hat. Oft geschieht es aus selbst auferlegter Buße für Versagen, oder als Privileg, weil man Mutter, Vater oder Kind ist. Ein Gruppendiktat, dass einen in die vermeintliche Pflicht zieht.

Hochtoxisch, wenn es als Erwartungseinforderung, sei es religiös oder humanitär moralisiert, oder von unguten Systemen vorgegeben wird.

Hier beobachtet man grob schematisiert zwei Parteien.

Der empathische Mensch, oft (hoch)sensibel, leichter manipulierbar und der narzisstische Mensch, der diesen Empathen lenkt.

Allerdings muss man bedenken, dass es dazwischen auf der Skala die verschiedensten Typformen gibt, doch es kristallisiert sich **der zum Sündenbock Gemachte gegen den Einfordernden heraus.** Diese stehen sich gegenüber...Beides Opfer, doch Einer ein zum Täter Gewordener, der nun das Opfer lenken möchte. Das findet man in den vielen Formen der Co-Abhängigkeit und im Narzissmus.

Gefangen ist das Opfer dann, wenn es um sein Versagen weiß und sich schuldig fühlt am Gegenüber. Es empfindet dadurch eine Art Bringschuld und wird sich unter den eingeforderten Erwartungsdruck beugen. Damit gibt es dem Gegenüber Macht in die Hand.

Gefangen als Schuldner, als Sündenbock, als Lastenträger.

Hier wird versucht, wieder gut zu machen und man macht sich zum Handlanger, anstatt die nötige Grenze zu setzen. Und scheitert an der Wand. Diese lässt nur eine Weise des Dienens zu, nämlich des **untertänigen Dienens**. Ein **Dienen nach dem Diktat des Gegenübers.**

Wirtschaftliche Abhängigkeiten und Angst vor dem Alleinsein sind weitere Kriterien.

Diese Art des Dienens ist zum Schaden. Ermöglicht dem Gegenüber sein Weitermachen, sein Manipulieren, Benutzen und Ausnutzen.

Ein Bedienen von etwas Bösem.

Aber wir sollen doch lieben, ausharren, das Böse nicht zurechnen? Hier kommt der fromme Verhaltenskodex sehr gerne zum Tragen. Unsre eigenen Ängste beherrschen uns und die gesamte Situation.

Was ist denn in diesem Fall lieben?

Lieben wird hier bedeuten, sich zurückzuziehen und die vom Gegenüber eingeforderte Handlung mit Nicht-Bedienen aus zu sitzen.

Die Grenze neu abstecken. Klare Ansage machen und diese einhalten. Diese Sprache wird das Gegenüber verstehen. Eventuell jedoch nicht akzeptieren.

Das Spiel muss durchbrochen werden. Gestoppt.

Dabei ist es wichtig, dass man sein eigenes Versagen am Gegenüber bekennt.

Der Weg wird aber erst geöffnet, wenn auch das Gegenüber beginnt, sich selbst zu reflektieren und das toxische Element erkennt, bekennt und entfernt.

Hier darf auch der Part sich zurückziehen, der versucht hat, aufrichtig zur Klärung und Lösung beizutragen, aber immer wieder vor der gleichen Schranke landet und resigniert. Damit dieser sich nicht permanent dem toxischen Gift aussetzen muss, darf er Konsequenzen ziehen, ohne sich wiederum schlecht und schuldig zu fühlen. Denn das ist der wundeste Punkt in all dem Sachverhalt bei einem empathischen und sensiblen Menschen, er wird sich schlecht dabei fühlen, wird sich selbst verurteilen, selbst verklagen.

Er wird bei jeder Berührung mit dem Toxischen neu **getriggert**, solange er selbst noch an diesen **Verletzungswunden** trägt. Und das dauert.

Da heißt es für diesen, die nötige, wichtige Selbstliebe aufzubringen und Konsequenzen zu ziehen. Auch wenn er **von seinen eigenen Gefühlen bis aufs Blut verklagt wird.** Hier flüstert der Lügner. Oft bedient er sich dabei des einfordernden Gegenübers. Jetzt heißt es für die Empathen, diese Lügen zu überwinden.

Wie soll das gehen?
Wenn Gott Vergeben hat, wo ich am Gegenüber versagte, dann gilt für mich, mir selbst auch zu vergeben. Denn das ehrt Gott. Ihn ehrt, wenn ich diese Vergebung tief in mir aufnehme.
Und dann folgt ein wunderbares Versprechen seinerseits: **Dass er die Folgen in seine Hand nimmt und ich an seiner Brust zur Ruhe und Heilung kommen darf.**

Statt des Doppelmaßes eurer Schmach, statt der Schande, die als euer Anteil galt, wird euer Teil am Land nun doppelt so groß; ewige Freude wird euch geschenkt.
Jesaja 61:7 NBH

Die Wand findet dann einen Zusammenbruch, wenn von beiden Seiten diese Selbstreflexion stattfindet. Die wirkliche Wiederherstellung findet aber in den Armen Jesu statt, wo jeder seine Heilung und echte Unterweisung findet.
Wo jeder bereit wird, sein eigenes Dilemma zu entwirren und Vergebung finden und aussprechen wird können.
Hier findet der Bruch der Mauer statt.
Hier findet Vereinigung statt.
Hier findet Wahrheit statt.
Hier wird Narzissmus gebrochen und hier wird der empathische Mensch gestärkt und gefestigt.

Welches Wesen und welcher Charakter uns prägt, diese Geheimnisse werden gelüftet und Gott kann beginnen, uns in sein Wesen und Bild umzugestalten.

Das ist der Platz, wo wir alle, sowohl **Opfer als auch Täter, denn wir sind alle alles beide,** uns einfinden müssen damit Beziehungen funktionieren können.

Dann, und erst dann kann echte Heilung beginnen. Dann erst ist wahrhaftige Beziehung möglich.

Nämlich in einer lebendigen Beziehung zu Gott wird zwischenmenschliche Beziehung gelingen.

Denke bei jedem Schritt an ihn,
Er zeigt Dir den richtigen Weg
Und krönt dein Handeln mit Erfolg.

Licht wird die Lügengebilde zerstören,
die Mauern fallen und Dunkelheit wird hell.

SCHAM ODER SIEG

„Dagegen bringt der Geist Gottes in unserem Leben nur Gutes hervor:

Liebe, Freude und Frieden; Geduld, Freundlichkeit und Güte; Treue (a.Ü. Langmütigkeit oder Selbstdisziplin)"
Galater 5:22 HFA

Wie sehe ich mich selbst?

Es gibt solche Charakterschwächen in meinem Leben, die bekämpfe ich und werde sie doch nicht los. Allerdings verurteile ich mich dafür und bin beschämt oder halte mich für nicht ausreichend, nicht genügend.

Kennen wir diese Stimme, die in unsrem Kopf losplärrt:

„Geht das jetzt schon wieder los? Wie oft müssen wir diese Dauerschleife denn noch drehen?

Wann gedenkst du zu kapieren."

Während ich das formuliere, denke ich an dieses Emoji von dem Affen, der die Hände vors Gesicht hält. „Wie kann man nur so d...sein?"

Hier meldet sich wieder die Festplatteninformation:

„Zerstörerische Hintergrundprozesse wurden festgestellt! "

Ist es nicht so, dass wir in diesen Situationen, in denen wir uns klein, verzagt und unweise fühlen, denken, dass Gott uns **ebenso** sieht und genauso über uns denkt und in Folge dann auch so **an uns handeln wird**?

Uns dann mit Konsequenzen gemäß dieser Art zu erziehen, zu lenken, sogar hart zu begegnen.

Denkt Gott wirklich so von uns?

Wird er entsprechend handeln?

Oder sind nicht Früchte **seines Geistes**:

Liebe, Friede, Freundlichkeit, Langmut und Geduld?

Ja, in diesem Zusammenhang fällt dann auch oft das Wort Selbstbeherrschung. Das passt nur hinein, indem es auch richtig interpretiert wird. Denn diese Selbstbeherrschung ist kein Ding eigener Anstrengungen und gewaltsamen Zusammenreißens, sondern eine innerlich herangereifte, gewachsene **Frucht dieses Geistes**. Dieses Wesens, was Gottes Wesen ist und in uns angelegt ist.

Und genau dieses Wesens identisch denkt Gott auch über uns.

Denn er ist, was er von sich sagt zu sein.

Da gibt es keine Diskrepanz wie bei uns Menschen.

Also wird er nicht stöhnen, sondern geduldig, liebevoll, freundlich 7x70 mal diese Schleife mit uns drehen, um uns liebevoll hinauszuführen, auch hin zu Disziplin wo sie nötig ist.

Er wird uns aus den Gefangenschaften der **gefallen Natur** reißen. Denn diese **starb mit ihm am Kreuz.**

So sagt uns die Bibel:

„Das steht unumstößlich fest:
*Sind wir **mit** Christus **gestorben,** werden wir*
*auch **mit ihm leben.**"*
2. Timotheus 2:11 HFA

Das gilt es für uns immer tiefer zu verinnerlichen, zu erfassen.

Totes kann nicht durch Anstrengung lebendig werden.

Leben kommt immer von Gott. Er ruft in das Nichtseiende und es ist da!

So handelt er immer vollkommen nach diesem Wesen, was er in uns hineingelegt hat, damit es sich auch in uns entfaltet, wie eine Blume, bis sie völlig erblüht dasteht.

Das ist sein Ziel mit uns.

Unsere **Negativgedanken** spiegeln eigentlich genau unser **eigenes Selbstbild,** und die Stimme des inneren Verklägers hakt dort ein.

Das zeigt uns aber auch, wie wichtig es ist, das wahre Wesen Gottes und sein Werk immer mehr, tiefer und gefestigter kennen zu lernen.

Das wird uns eine gewaltige Mauer sein, die der Verkläger nicht so ohne weiteres stürmen wird können.

Dann prallen die feurigen Pfeile ab, so wie ein Schneeball von einer Fensterscheibe abrutscht.

Wir sehen uns im rechten Licht, wie die Katze sich in der Pfütze erkennt und das Bild eines großen Raubtiers wahrnimmt.

Wir sehen mit den Augen des Geistes.

Die Erkenntnis über Gott wird unsrer Seele Festigkeit schenken.

Denn unsre Seele ist es, die verführbar und manipulierbar ist. So wird sie sich immer mehr unter den Geist unterordnen. Erkennen, dass es gut ist, so zu tun. Denn die Seele ist das rebellische Etwas, was noch im Alten feststeckt und mit aus den Fängen des inneren Kritikers herausgerissen werden muss.

Das geschieht am besten durch innere Einsicht, dass Gott gut ist und es gut mit mir meint.
Dann kann die Seele loslassen und sich geborgen unter den Geist ordnen.

Dagegen sind die Werke des Fleisches:

„Gebt ihr dagegen eurer alten menschlichen Natur nach, ist offensichtlich, wohin das führt: zu sexueller Unmoral, einem sittenlosen und ausschweifenden Leben, zur Götzenanbetung und zu abergläubischem

Vertrauen auf übersinnliche Kräfte. Feindseligkeit, Streit, Eifersucht, Wutausbrüche, hässliche

Auseinandersetzungen, Uneinigkeit und Spaltun-
gen bestimmen dann das Leben ebenso wie Neid,
Trunksucht, Fressgelage und ähnliche Dinge. Ich
habe es schon oft gesagt und warne euch hier
noch einmal: Wer so lebt,.."
Galater 5:19-21 HFA

Wer so lebt...

Wer lebt denn so?

Der Mensch, der sich an Jesus klammert, der,
der den Geist Gottes in sein Herz gelassen hat,
kann sehr wohl so leben, aber niemals, ohne
an sich selbst zu verzweifeln. Er ist **gekenn-
zeichnet durch Scham und Selbstablehnung.
Selbsthass oder Selbstzerstörung sind die Folgen. Damit ist er gestrafft genug. Dieser wird
sich nach Rettung sehnen und danach ausstrecken.**

**Jemand, der solche Dinge ohne Skrupel und
ohne schlechten Gewissen tut, muss sich tatsächlich fragen, ob er eine echte Beziehung
zu Gott hat.**

Es gibt sehr traurige Episoden meines Lebens
als Christ, in denen ich in tiefen Verstrickungen
stecken blieb auf der Suche nach einem befrie-
digenden Leben. Gott konnte mir das allem An-
schein nach nicht vermitteln. Er war hart und
unbarmherzig in meinen Augen. Verlangte einen

Lebensstil, den ich nicht bringen konnte, der mich komplett aussaugte...

Allein an der Beschreibung des vampirischen Charakters dürfte hier schon klar werden, dass ich einem völlig falschen Gottesbild aufsaß, dass das Wesen des Wolfes im Schafspelz erkennen lässt.

Ich oblag mal wieder der Lüge. Doch dieser fatale Irrtum trieb mich in Männerarme, die verstanden meine verzweifelte Situation zu ihren Gunsten zu benutzten, um mich später noch zerstörter wieder liegen zu lassen. Männer, ebenso kaputt wie ich selbst. Verschmäht, gedemütigt und aller bis dahin noch vorhanden Gefühle beraubt, kam der schamvollste Absturz hinterher. Ich geriet in eine Pornografieabhängigkeit. Nur noch so konnte ich meinen eigenen Körper wahrnehmen.

Wenn ich an die prostituierten Frauen denke, die wir besuchen, sehe ich bei vielen große Scham, viel Not und psychische Zerstörtheit.

Die meisten sagen uns, dass sie zu Gott beten. Sonst halten sie ihren Zustand gar nicht aus. Viele verdrängen ihre wahre Situation, um überhaupt zu überleben. Niemals würden wir ihnen mit Vorwürfen oder der Aufforderung Buße zu tun, begegnen. Unser Auftrag ist es, ihnen Wert zuzusprechen und sie wissen zu lassen, das Gott uns schickt, um ihnen zu sagen, dass er sie liebt und nicht vergessen hat. Wir dürfen ihnen Hoffnung spenden.

Wir untersuchen nicht, wes Geistes Kind sie sind, wir stellen ihnen einen liebenden Gott vor.

Gott sieht immer das Herz an. Er sieht die Wahrheit.

Er unterscheidet Schwachheit von Skrupellosigkeit.

So ist dieser letzte Vers tatsächlich eine Warnung, sich unbedingt **selbst zu fragen**, wo man steht. Man bedenke, hier ist auch **Streit, Eifersucht, Zorn, Neid, und Spaltung** genannt. Nehmen wir noch wahr, was das heißt?

Das sind Eigenschaften, die **jeder von uns hat**, auch der vorbildlichste Mensch muss durch diese Verse vor Gott kapitulieren und wenn er aufrichtig ist, erkennen, dass all sein **eigenes Gutsein nicht ausreicht für das Himmelreich.**

Zum Himmelreich gehört das Kreuz.

Dort wurde unsre Schuld **vertilgt**.

Bekennen wir, wer wir **wirklich** sind?

Hiermit noch ein Wort an solche, die Angst haben nicht bekehrt oder von Gott angenommen zu sein. Allein diese Angst zeugt von der Sehnsucht nach Gott. Niemals wird Gott eine solche Sehnsucht wegstoßen. Immer wird er dem Suchenden aufmachen. Und niemand jemals wird ihm seine Kinder aus der Hand reißen. All diese Zusagen hat er mit seinem Wort versiegelt. Und immer wird er zu seinem Wort stehen.

Jetzt hast du den Geist Gottes, jetzt lauf mal schön.

Ist das nicht oft die Prämisse, die uns auferlegt wird oder die wir uns selbst abverlangen. Ein logischer Schluss? Wir bekehren uns, weil wir erkennen, dass wir es alleine nicht hinbekommen. Dann sind wir seine Kinder, und plötzlich müssen wir exakt in der Spur laufen. Wir haben ja jetzt den Geist Gottes, mit allem, was wir zum Leben brauchen an Kraft, Heil, Erbe...sind ein neuer Mensch.

Ist das so?

Ja... doch das Wachsen, Erkennen, Glauben und im Herzen Erfassen ist ein Prozess. Ein oft langer, mit Fehlern gespickter Prozess. Ein lebenslanger Prozess und für Gott niemals enttäuschend, sondern glasklar, denn er hat Menschen geschaffen die Fehler machen.

Menschen die zaghaft beginnen mit Gott zu wandeln, können durch religiöses Funktionierenwollen tief verwundet werden und wiederum zu Fall und Absturz kommen.

Unsre Seele und unser Körper sind hier „unten" fest verwurzelt, geprägt von irdischer Natur.

In unsrem Geist wohnt Gottes Geist. Die Seele ist irdisch programmiert, muss umprogrammiert werden durch viele Umdenkprozesse, die lange brauchen, bis sie sich dem Geist unterordnen können. Und dieses Heilwerden ist **Gottes Wirken durch seinen in uns angelegten Glauben, der in uns Gestalt annimmt durch innere Offenbarung.**

Wir dürfen Babys sein, Kind sein und zu reifen Erwachsenen werden. Und das alles wachstümlich. Mit vielen Höhen und Tiefen. Wir haben schon alles, aber wir leben dies stückweise voran und manchmal auch zurück. Wir stecken im Tal und krabbeln mühsam auf den Berg des Glaubens an die Worte Gottes, an sein Herz zurück. Aber dort stehen wir nicht fest, wir rutschen, strampeln und kämpfen.

Doch die schöne Nachricht, **wir wachsen dabei in der Erkenntnis, dass der Geist in uns, Gott selbst ist, der in uns lebt. Gott mit all seiner Macht. In uns, mit uns, für ihn und das auf ewig. Und es wird immer besser.**

Das ist sein Wille, sein Plan und Ziel.

So hob er meine Seele liebevoll wieder aus dem Morast heraus. Legte seine eigene Liebe in mein Herz. Dort konnte es dann zur Ruhe kommen und in der Atmosphäre tiefer Geborgenheit gesund werden und mit Liebe gefüllt, zuversichtlich weiter gehen.

Ich will damit sagen, dass ich Freiheit von Süchten erleben durfte. Aber ich will auch sagen, dass ich immer noch Mangel an Erkenntnis in mir trage, vieles noch mit meinen eigenen Augen sehe und beurteile, anstatt mit den verborgenen Augen des Geistes Gottes, von seiner Warte aus die Dinge betrachte.

Aber es wird immer besser und die Gelassenheit über die Umstände wird zusehends tragfähiger und stabiler. Die Ängste und Sorgen weichen zurück und eine Geborgenheit, in seiner Wahrheit zu ruhen, wird zu einem festen Fundament in meinem Leben.

Und das ist ein großartiges Erleben.

NICHT GOTT MUSS VERSÖHNT WERDEN

...der Mensch braucht Versöhnung

Kein zorniger Gott muss befriedigt werden.

Die Versöhnung ist einzig und allein Gottes Initiative.

Der Mensch, der getrennt von Gott existiert, braucht

Erkenntnis über die Möglichkeit der Wiederherstellung durch eine unfassbar zum Ausdruck gebrachte Liebe.

„All dies verdanken wir Gott, der uns durch Christus mit sich selbst versöhnt hat. Er hat uns beauftragt, diese Botschaft überall zu verkünden."
2. Korinther 5:18 HFA

Sehr zum Nachdenken...

Text von Richard Rohr:

"Wir tragen an der Last, dass unser Interesse am Kreuz sich darauf beschränkte, eine kosmische Schuld müsse beglichen werden, statt das Eigentliche und Zentrale wahrzunehmen: **dass hier die Mitteilung einer glaubwürdigen Liebe geschieht.**

Das Kreuz wurde dadurch eher zum Bild einer göttlichen Transaktion, als zum Bild der Transformation des Menschen.

So landeten wir schließlich bei einem Gott, der – zumindest unbewusst – rachsüchtig, gewalttätig und kleinlich zu sein scheint, ganz und gar nicht frei, sondern angeblich ehernen Gesetzen einer verletzten Gerechtigkeit unterworfen, und bei einem Sohn, der in erster Linie dazu kam, ein

Problem zu lösen, statt uns das Herz Gottes zu offenbaren.

Damit sah es so aus, als sei nicht die Liebe, sondern die Sünde der Anstoß zu unserer Erlösung gewesen und der zentrale Akt der Erlösung der Welt beruhe auf einem Akt der Gewalt."

"In dieser Sicht hätte der Sohn Gottes bloß reagiert, wo doch ein freier und liebender Gott immer von sich aus handelt, aus seiner ursprünglichen und ewigen Wahrheit heraus.

Die Liebe Gottes ist nie von der Würdigkeit dessen bestimmt, auf den sie zielt, sondern von der Güte Gottes, der sie schenkt.

Ein Christentum, in dem Gott bloß auf ein Problem reagiert und in dem nicht die Liebe, sondern die Sünde im Zentrum steht, empfindet ein nachdenkender Mensch als eine Welt, die wenig einladend ist und keine Geborgenheit schenkt.

Dieses Christentum hat wenige ansteckende Gläubige hervorgebracht, aber viele, die es schmähen.

Echtes Christentum betört, verführt, lädt ein, schmeichelt, weckt spirituelle Sehnsucht und zieht die Menschen in ein immer von neuem verlockendes Geheimnis hinein, ins Heilwerden, in die Gnade."

So viel von Richard Rohr.

Wie schnell wird man in die Schublade der All-
versöhner gesteckt, doch hier bleibt keinesfalls
der juristische Aspekt außen vor.

Diesen hat Gott selbst erfüllt. Das macht uns
noch staunender.

Es erwärmt unser Herz und bewegt uns in seine
Arme. Diese Erkenntnis um solche Liebe ist der
Antrieb uns Jesus zu nähern. Es ist sein Werben, sein Wesen und vor allem die Erkenntnis
um diese gewaltige Liebe zu uns.

HERR SCHMIDT, HERR MÜLLER UND HERR JESUS

oder...
mein Geliebter, mein Vertrauter, Kamerad und bester Freund, mein Jesus, der mich mit zum Papa nimmt.

Und doch ist er mein Herr.

Wir sprechen mit Gott oft so kopflos, ohne über den Inhalt einmal wirklich zu sinnieren.

Wir betteln einen Fremden, uns Unbekannten an. Bitten und flehen oft um Erfüllung unsrer eigenen Wünsche. Winseln um Beistand und Anhörung, wie bei Gericht.

Sind das die Worte und Methoden einer Liebesbeziehung oder klingt das nicht eher nach Gericht und Unbarmherzigkeit.

Spricht das von vertrautem Miteinander oder hört es sich eher nach einer uns fremden Instanz an. Entweder nach dem Nachbarn Schmidt, der mir einmal täglich am Zaun lapidar begegnet, oder dem Herrn Staatsanwalt, vor dem ich Respekt habe, aber keine persönliche Beziehung.

Komm Heiliger Geist wird flehentlich herabbeschworen.

Herabzelebriert.

Doch was sagt uns da Gott selbst?

Ihr habt den Geist in euch wohnen, wenn ihr in einer **bewussten** Beziehung mit mir lebt.

Da lebt bereits Gottes Wesen in uns. Mit all der göttlichen Kraft, Liebe und Autorität.

Dieser göttliche Geist wirkt in uns, durch uns und mit uns.

Was ist denn dann das sinnvolle Beten?

„Auf das die Erkenntnis Gottes in euren Herzen wachsen kann..."

Erkennen, was wir haben, wen wir haben, wer unser Freund und Geliebter, Tröster und Beistand ist, mit all der dazu geschenkten Kraft, Heilung und Freiheit.

Diese Erkenntnis wird uns in eine neue Beziehung führen.

Sie wird uns in ein neues Miteinander mit innigem und vertrautem Austausch führen.

In große Dankbarkeit. Mit großem Respekt und echter Achtung.

Dann wird unser Gebet ein natürliches Bedürfnis sein, kein Krampf oder erzwungenes Notwendiges.

Kein Herunterleiern einer Liste, oder rezitieren von Gebetsversen. Es wird immer eine

Herzenssymbiose sein. Etwas Echtes, Gewachsenes. Dann werden die Worte im Herzen gebildet und nicht mehr theatralisch oder theologisch korrekt formuliert.

Dann lernen wir immer mehr, Gottes Gedanken mit inneren Augen zu verstehen, können vieles in Gelassenheit stehen lassen im Wissen um das Kümmern eines liebenden Gegenübers bezüglich unsrer Anliegen.

So kann der Geist Gottes **seine** Gebetsanliegen in unsren Herzen formulieren.

Wer kennt es nicht, dass man plötzlich getrieben ist, für eine Person im Gebet einzutreten. Das sind Erlebnisse, von denen man genau weiß, es ist ein Gott bewirktes Gebet, mächtig und ergreifend. Und ausführend, wozu es gesandt wurde.

Solch ein überwältigendes Erleben möchte ich einmal schildern. Ein Gebet, nicht aus mir heraus, sondern von Gott bewirkt.

Robert

Ich kannte seine Mutter nur vom Hörensagen. Aber wir trafen uns einmal auf ihren Wunsch hin. Wie Gott Geschicke lenkt, bringt mich bei Rückschau immer ins Staunen, denn diese Begegnung hatte für uns alle Folgen.

Einige Wochen später meldete sich Roberts Mutter verzweifelt mit der Bitte um Gebet für ihren Jungen. Denn man hatte bei ihm Hodenkrebs diagnostiziert und die Op sollte am nächsten Morgen stattfinden.

Ich versprach zu beten und...vergaß!

Mitten in der Nacht wurde ich durch einen starken inneren Ruck, zumindest empfand ich es so, geweckt und dem schlagartigen Bewusstsein, mit Gott nicht über Robert gesprochen zu haben. Ich fühlte mich lieblos und gleichgültig, gleichzeitig ohnmächtig angesichts solch einer Krankheit irgendwie nützlich sein zu können. Und genau das sagte ich auch so.

„Gott, Du kannst heilen, aber was habe ich damit zu tun?"

Sofort erschien ein Bild vor meinem inneren Auge, nämlich eines, was Gott mir sinnbildlich für mein eigenes Leben damals schenkte, als er mir bewusst machte, dass er mich als Embryo geschützt und bereits da schon geliebt hat.

Seine Hände umschlossen mich im Mutterleib!

Wollte Gott mir diese Verheißung für Robert mitteilen?

Seine Hände um Roberts Hoden. „Tritt du stellvertretend für mich ein." Ich hatte mich wohl verhört.

Ich konnte ja schließlich nicht hingehen und meine Hände um seinen Hoden legen. Aber ich konnte meine Hände sinnbildlich im Gebet um seine Krankheit legen.

Und das tat ich dann auch, mich sehr wundernd, wie heiß mein Handinnenraum wurde und wie sich plötzlich großer Friede in mir breit machte.

Am nächsten Morgen ruft Roberts Mutter weinend an. Robert ist nicht ins Krankenhaus gegangen. So konnte seine Mutter ihn noch überreden, noch mal zum Hausarzt zu gehen, um sich einen neuen Op-Termin zu holen.

Jetzt beschloss ich, von meinem nächtlichen Erlebnis zu berichten.

Und während wir telefonieren, erscheint Robert und will sich schnell auf sein Zimmer verziehen. Doch die Mutter fragt, ob er wirklich beim Arzt gewesen sei. Seine Antwort war ja.

„Was hat er gesagt?"

„Krebs ist weg!"

Das klang in ihren Ohren wie eine schnelle Ausrede, um die Mutter zu beruhigen und sich dann verdrücken zu können.

So rief sie kurzerhand den Hausarzt an. Sie sagte, sie wisse, dass er Schweigepflicht habe, doch sie wolle nur zwei Fragen stellen:

„War mein Sohn eben bei Ihnen."

„Ja."

„Robert sagt, der Tumor sei verschwunden."

„Ja."

Ich weiß, das hört sich alles sehr merkwürdig an. Selbst ich als Beteiligte muss immer wieder staunen wer Gott ist, wie er ist und dass er uns für seine Bedürfnisse gebraucht.

Ich empfand es für mich persönlich als große Ehre, dort Werkzeug gewesen sein zu dürfen.

Ich werde es niemals vergessen. Es ist großartig!

Delilahs Bruder

Es war auch für mich fast unfassbar. Hätte ich es nicht selbst erlebt, hätte ich es geglaubt?

Mein Sohn rief an und bat mich, mit einer Freundin zu sprechen, die sich in großer Not an ihn wandte. Folgendes war geschehen. Der Bruder von Delilah, so nenne ich sie hier, war vor einiger Zeit verunglückt und lag seitdem im Koma. Man hatte ihn für hirntot erklärt, da keine Gehirntätigkeit mehr vorhanden war. Die Ärzte baten die Familie nun, für den nächsten Tag eine Entscheidung zu treffen, ob man die lebenserhaltenden Maschinen abstellt oder noch abwartet. Diese Entscheidung vermochte die Familie verständlicherweise nicht zu treffen. Da natürlich auch mein Sohn nicht raten konnte, berief er sich auf mich. Tatsächlich rief dann diese muslimische junge Frau bei mir an und suchte Rat und Antworten. Doch wie sollte ich hier raten und beraten?
Das Einzige, was ich dieser mir fremden und völlig verzweifelten Frau anbieten konnte, war ein Gebet zu diesem einen Gott im Himmel.

Ich sagte, dass Gott der Gott über Leben und Tod ist. Und wenn Gott Leben für ihren Bruder beschlossen hat, kann keine abgeschaltete Maschine dies beenden und ihr Bruder nimmt eigenständig die Atmung wieder auf. Oder aber Gott legt der Familie aufs Herz, noch abzuwarten mit dem Stopp der Maschinen. Ich wollte ihr damit den Druck nehmen, dass das Leben des

Bruders nicht von ihrer Entscheidung abhängt, sondern vom Beschluss Gottes.

So bejahte Delilah ein Gebet und ich legte Gott diese uns ohnmächtige Situation in seine Hände. Damit beendeten wir auch unser Telefonat. Längere Zeit hörte ich nichts.

Doch nach ca. einer Woche erhielt ich von meinem Sohn folgende Information. Man hatte sich entschieden die Maschinen nicht abzustellen. Und tatsächlich nahm das Gehirn seine Tätigkeit wieder auf. Nach eben dieser Woche erwachte der junge Mann aus dem Koma richtete sich im Bett auf und wünschte, seine Mama anzurufen.

Jetzt hat er bereits seine Reha beendet, kann laufen, sprechen und erinnert sich an alles. Lediglich sein Kurzzeitgedächtnis und die Sprachmotorik sind noch nicht fließend wiederhergestellt. Doch auch da bin ich zuversichtlich, dass das auch noch gut werden wird, denn hier hat offensichtlich ein übernatürliches Wunder Gottes stattgefunden. So hoffe und bete ich, dass dieses ganze Geschehen auch von allen Involvierten als solches erkannt werden wird.

Mich hat es tagelang tief ergriffen und auch jetzt, wenn ich es hier so niederschreibe, frage ich immer wieder, ob mich mein eigenes Wahrnehmen zum Narren hält...so unfasslich kommt es mir vor. Und doch, genauso ist es mir begegnet.

Solche großartigen Erlebnisse sind Geschenke und nicht alltäglich. Nein, sie sind etwas ganz Besonderes, kostbares, etwas, was man tief im Herzen als Schatz verwahrt.

Der Alltag zeichnet sich oft aus durch stilles, inneres Festhalten an Gottes Versprechen, die er uns zugerufen hat. Bei mir sind es Bibelworte, die sich in meinem Herzen fest verankert haben.

Da bleiben manchmal über weite Strecken nur das Stillhalten und Ausharren, die ungeliebte Tätigkeit. Tatsächlich ein Tun nach seinem Willen. Ein kostbares Werk, was er in uns gewirkt hat.

Wir lieben die sichtbare Sensation.

Das Schauen von Ergebnissen.

Gelassenes Abwarten ist ein Glaubensprodukt, kostbar bis in die Ewigkeit.

Jetzt schließt sich wieder der Kreis, denn es bleibt die Frage nach der Art der Beziehung.

Der Herr Jesus, der, vor dem ich betteln muss, flehen um Beistand, Kraft und Liebe, obwohl ich in Wahrheit doch sein geliebtes Kind bin.

Oder mein vertrauter Gefährte, immer da, liebend und wissend und wollend, was ich brauche und welchen Weg **er mich** leitet, damit ich ein erfülltes Leben für mich selbst und für andere haben kann. Diesem werde ich mich öffnen. Anvertrauen.

Wie spreche ich mit einem Geliebten?

Ich bespreche alles was mich bewegt, lege mein Innerstes offen, gebe alles preis. Und das nicht aus Zwang, sondern aus einem unstillbaren Bedürfnis heraus. Aus der Sehnsucht nach dieser Konversation. Aus dem Bewusstsein, nur diesen einen Liebhaber wirklich zu brauchen.

„Wenn ich nur dich habe, so frage ich nicht mehr nach Himmel und Erde"
Ps.73,25

Mögen wir auch so empfinden wie einst David, als er diese Worte aussprach.

Auch ich hatte um die Weihnachtstage dieses Gebet formuliert. Aber als ich dann Heilig Abend und am ersten Weihnachtstag völlig alleine hier zuhause saß, wollten mich doch Einsamkeit und Selbstmitleid überfallen.

Nicht, dass ich nicht hätte zu Freunden gehen können, doch an solchen Tagen setzt man sich nicht gerne in fremde Familien.

Auf meiner Joggingrunde sprach ich darüber mit meinem Gott. Schüttete mein Herz aus. Und eine liebevolle Wärme und Nähe Gottes umfing mich und es war, als grinste mich dieser liebevoll an und sprach in mein Herz: „Ach Schatz, erinnerst du dich an dein Gebet? Hier bin ich. Jetzt hast du für zwei kurze Tage nur mich."

Diese Erkenntnis machte mich plötzlich so froh, so frei, überwältigte mich, dass ich mich jetzt immer wieder genau an den Ort dieser wunderbaren Begegnung erinnere und sie mich tief erfüllt, immer noch. Ich hatte zwei ganz wertvolle Tage. In diesen Tagen hatte ich die Muße und Freude, dieses Buch in Form zu bringen, um es euch jetzt mit dem Wunsch auf großen Segen vorlegen zu können.

Spürt ihr auch Gottes Liebe. Seht ihr sie?

Jesus ist auch unser Herr.

Aber, was denn nun? Ein Herr oder der Geliebte, Vertraute?

Dazu möchte ich das Beispiel von Abigajil, der Frau des grausamen Nabal anführen.

„Er hatte eine Frau namens Abigajil, die sehr schön und klug war. Nabal aber war grob und niederträchtig.
1. Samuel 25:3 HFA

Nabal schickte den König David höhnend weg, als dieser und seine Männer ihn um Proviant baten. Und das, obwohl David ihm und seinen Männern einmal viel Gutes getan hatte. Daraufhin beschloss David, Nabal und alles was sein ist, zu vernichten. Davon bekam Abigajil Wind und zog dem König eilends entgegen. Sie kniete sich vor ihn hin und sprach diese bemerkenswerten Worte:

*„Als Abigajil David auf sich zukommen sah, stieg sie schnell von ihrem Esel und warf sich David zu Füßen. Sie verneigte sich, bis ihr Gesicht den Boden berührte. Dann begann sie: »Ich allein bin schuld, **mein Herr**. Bitte lass **deine Dienerin** reden und hör, was ich dir sagen will!*

Ärgere dich nicht über diesen boshaften Menschen! Er ist genau das, was sein Name bedeutet: Nabal, ein unverbesserlicher Dummkopf. Leider habe ich die Boten nicht gesehen, die du, mein Herr, zu uns geschickt hast. Doch so wahr der Herr lebt und du lebendig vor mir stehst: Der Herr selbst hat dich aufgehalten. Er will nicht zulassen, dass du dich rächst und so zum Mörder wirst. Nabal wird seine gerechte Strafe schon bekommen. Und wie ihm soll es auch deinen Feinden ergehen und allen, die Böses gegen dich im Schilde führen.“
1. Samuel 25:23-26 HFA

Das bezeichnet eine Geste von höchster Achtung und großem Vertrauen. Sie zeigt hier deutlich, dass sie ohne diese Gunst und Gnade verloren ist, weiß aber anscheinend ganz genau, das Wesen ihres Gegenübers einzuschätzen und absolut zu respektieren. Sie spricht so offen über Davids Vorhaben und wagt auf einfühlsame Weise wohlwollende Kritik zu formulieren. Es ist eine ganz wundervolle Art des Respekts völlig ohne katzbuckelnde Unterwerfung, entgegengesetzt einer verfrommten Unterordnung, wie man sie leider immer noch in stark religiösen Kreisen aller Religionen findet, die zum großen Schaden führt.

Dieser Charakter, der hier in ihr offenbar wird, bringt, dass Abigajil nach Nabals Tod (ihre Worte erfüllten sich schneller als geahnt) Davids Frau wurde.

ER LEITET UNS

...zu frischem Wasser

„Er weidet mich auf saftigen Wiesen und führt mich zu frischen Quellen."
Psalm 23:2

Wie oft hören wir:

Lest das Wort. Das Wort ist Leben.

Und man meint damit, dass die Bibel das Leben in sich trägt. Die Bibel erzählt uns von dem Leben. Sie spricht das Leben aus. Formuliert es.

Das lebendige Wort ist Jesus selbst.

Wir denken, wenn ich gründlich in der Bibel studiere, dann wachse ich im Glauben.

Dann wird mein Hunger gestillt.

Was ist, wenn man nicht solch ein Studiosi ist. Dann hat man ein Problem. Dann wird man nicht so im Segen leben können?

Oh, welch eine Falle in diesem Denken steckt.

Dieser nicht Studiosi hat vielleicht eine viel innigere Beziehung zu seinem Gott und freut sich an einfachen Bibelworten, die ihn ernähren. Die ihm zurufen, dass er ein Geliebter des Herrn ist. Er wird geborgen in seinen Armen wandeln. Denn sein Jesus wird ihn mit allem versorgen, was er für den nächsten Schritt braucht. Er wird

ihm die Worte zurufen, durch Predigt, Mitmenschen und ihm auch Hunger zum Lesen schenken, ohne Zwang, sondern aus Begehr. Gott spricht zu jedem von uns in unserer eigenen Sprache.

Er leitet uns zu den Quellen. Es sind nicht wir, die die Quelle aufsuchen, sondern er in seiner Liebe und Güte zu uns, legt Hunger, Interesse und Sehnsucht nach der Erkenntnis seiner selbst in unsre Herzen.

Er ist in allem der Wirkende.

Und er sieht die einzelnen Menschenkinder nach ihrer Art, Beschaffenheit und Lebensgeschichte und holt sie genau an ihrem eigensten Platz ab.

Es ist seine Güte, die uns leitet und nicht unsere Frömmigkeit, die uns den Herrn schauen lässt.

NEHMET EURE GEDANKEN GEFANGEN

...unter die Worte, die Christus euch zuruft.

„indem wir Vernunftschlüsse zerstören und jede Höhe, die sich erhebt wider die Erkenntnis Gottes, und jeden Gedanken gefangen nehmen unter den Gehorsam des Christus,"
2. Korinther 10:5 ELB

Um solche Vernunftschlüsse zu durchschauen, die uns in menschlichen Ideologien, irdischen Systemen und versteckten Lügengebilden begegnen, die wider die Erkenntnis Gottes stehen, braucht es den Geist Gottes.

Hier wird vom „Gehorsam des Christus" gesprochen. Was ist das? Es sind die Tatsachen, die er für uns erkauft hat. Nämlich den Sieg. Das Leben. Die Gotteskindschaft.

Darauf sollen wir uns fokussieren. Uns in dieser Wahrheit bewegen.

Das sind die Gedanken, die in unser Herz verankert werden müssen. Er ist dabei der in uns Handelnde. Wir bleiben soweit uns möglich die Zulassenden seines Handelns. Und allein dieses ihn an uns machen lassen ist schon eine Herausforderung an unser falsch gepoltes Ego, das von Stolz, Überheblichkeit und Besserwisserei geprägt ist, durch unser lügenverseuchtes Inneres.

Hier gilt es zuerst einmal, Licht hineinzulassen. Die Hände weg zu nehmen und somit Gott Bahn zu machen. Damit sortiert werden kann, was echtes und eingebildetes Licht ist. Was Lüge und Wahrheit ist.

Was sind Vernunftschlüsse, wann ist ein vernunftmäßiges Entscheiden angebracht, wann sind wir von Angst, Sorge, Kontrolle oder selbstbetrügerischen Maßnahmen gelenkt.

Und auch wenn unsre Motive uns selbst betrogen haben, ist es wundervolle Frucht, dies mutig aufdecken zu lassen. Es mit Gott zu besprechen ohne Angst, nicht zu genügen oder versagt zu haben.

Hier ist eine unbedingte Liebes- und Vertrauensbeziehung nötig, damit wir überhaupt erst wagen, Licht auf echte und wahrhafte Weise zuzulassen.

Denn diese Liebe Gottes zu uns verurteilt uns nicht für unsren Selbstbetrug, sondern wird in genau dieser vollkommenen Liebessprache vorgehen, mit seiner Offenbarung über uns selbst. Und er wird uns behutsam und stückweise **hinausgeleiten in die Weite seines Lebens in uns.**

Natürlich bleibt Gott manchmal nichts anderes übrig, als uns erst einmal unsren eigenen Weg laufen zu lassen. Dabei tun wir uns weh. Doch dieser Schmerz bringt uns heilsame Einsicht.

So ist dieses ihn machen lassen nicht unser großmütiges Ja an ihn.

Auch da ist er der Wirkende. **Ist er der, der uns überhaupt erst bereit machen muss, ihn wirken zu lassen.**

Wir versuchen krampfhaft, unsre Gedanken zu manipulieren, zu beeinflussen und zu kanalisieren. Sehr oft nach Gutdünken, falschem Diktat oder vermischter Weisheit. Wir kämpfen einen zermürbenden eigenen Kampf. Religiös und gut gemeint.

Ja, es geht...stückweit...

Das lehrt uns die Psychologie. Und sie hat Erfolg...stückweit...und gut. Doch sie hat die Kraft zur Lösung nicht anzubieten. Sie hat nur Werkzeuge. Aber der Geist Gottes bietet die Überwinderkraft.

Mind care

Gedankenpflege und Gedankenfürsorge ist wichtig und wertvoll.

Doch geht es euch nicht ebenfalls so, dass ihr auch oft an euren eigenen Gedanken scheitert.

Ich jedenfalls kämpfe da einen stetigen Kampf mit mir selbst.

Unsre Gedanken prägen massiv unsren Alltag, unser Befinden unser Stimmungsbarometer und unsren Angstlevel.

Jetzt wage ich eine Aussage zu tätigen, die wahrscheinlich auf immensen Widerstand stößt, doch ich selbst erlebe es genauso als Wahrheit:

Ich schaffe es nicht, meine Gedanken tatsächlich gefangen zu nehmen, schon gar nicht unter den Gehorsam Gottes.

Ich erkenne immer mehr, dass mein ganzes Leben, mein Atmen, Aufstehen, mein Handeln und Denken gespeist sein müssen durch die Kraft Gottes.

Können wir wirklich gar nichts selbst tun?

Nun, Gott sagt es so. Er sagt: Ohne mich (außerhalb von mir) könnt ihr nichts tun.

Nichts heißt nicht **etwas.**

So muss all unser Denken und Handeln vom gnädigen Gott kommen. Er schenkt im Verborgenen. Er gibt, wo wir noch glauben, wir sind die Agierenden.

Und sein Wirken an und mit uns wird uns immer tiefer in diese Wahrheit hineinwachsen lassen. Er wirkt über Solchen, die ihm bereits vertrauen, und er wirkt werbend und handelnd bei Denen, die ihn noch nicht erkannt haben.

Nun, mögt ihr sagen, manche Menschen kriegen alles geregelt, was sie sich vornehmen. Haben eiserne Disziplin und kanalisierten Willen. Ja, das sind geschenkte, in Menschen hinein gelegte Gaben. Doch gerade solche Menschen werden es umso schwerer haben, diese Wahrheit Gottes anzuerkennen und anzunehmen. Und solche Menschen werden wenig Gnade und Verständnis haben für das Scheitern des Mitmenschen.

Und wir dürfen nicht vergessen und unterschätzen, dass auch Satan Menschen zu lenken, stärken und leiten vermag. Doch das sind Wege zum Bösen, Wege, die in Machtgier und Herrschsucht vollbracht werden. Wege, die Zerstörung hinter sich herziehen. Wege, die oft im Vordergrund weise und genial erscheinen. Mit höchster Intelligenz errichtet. Perfekt inszenierte, undurchsichtige Lügengebilde. Und sie beginnen in unsrer Gedankenwelt Form anzunehmen, entspringen jedoch aus ungeläutertem Herzen.

Deshalb ist es so wichtig, mit Gottes Licht unser Herz durchfluten zu lassen.

„Ich wohne bei dem, der zerbrochenen Geistes ist"...sagt Gott. Deshalb kann er ja überhaupt erst Wohnung nehmen, weil er dem hilflosen, zerbrochenen Menschen begegnet. Denn erst dann wird der Mensch seine Hand nach Hilfe ausstrecken. Erst nachdem man die Hilfsquellen, die versiegen, erfolglos aufsuchte. Oder nach dem Scheitern des Selbstrettungsversuches, sich mit der eigenen Hand am Schopf aus dem Sumpf zu ziehen.

So bleibt als Quintessenz:

Gott ist der Geber aller Gaben und der Sortierer der Gedanken, damit das wahrhaft Echte herausgefiltert werden kann.

Ob es mir gefällt oder nicht, bleibt es doch wahr.

Wohl dem, der das in aller Tiefe erfassen darf! In diesem Sinne nehmt eure Gedankenwelt gefangen, und zwar unter das, was Jesus uns als die Wahrheit vorstellt. So können wir überhaupt erst erkennen, dass **er die Wahrheit ist** in all seinem Wesen und Handeln. Und dass er das einzig wirklich Gute ist, was unser Leben zum echten Leben erweckt!

Wenn wir uns bei ihm aufhalten, mit unsren Gedanken, unsren Worten und Taten, dann sind wir genau dort, wo Veränderung stattfindet.

Wir dürfen in dieser vertrauten Beziehung alles mit ihm besprechen, bei ihm ablegen und in seiner Ruhe Schritte tun. Er verurteilt uns nicht. Er leidet mit uns in unsrer Unfähigkeit und führt uns in die Erkenntnis seiner selbst und der damit verbundenen Erkenntnis, wer wir sind in ihm!

Das gibt uns Geborgenheit und stille Freude, auch wenn noch keine Veränderung stattgefunden hat.

Er wird es in uns vollbringen. Er wird dieses in uns hineingelegte Leben hervorbringen!

WACHSTUM

Lerne ihn immer besser kennen.

Seid bestimmt von der unverdienten Liebe

Wachset in der Gnade

Habet nicht Mangel in der Gnade

*„Euer Leben soll immer mehr von der unverdienten Liebe unseres Herrn und Jesus Christus bestimmt werden. **Lernt ihn immer besser kennen!** Ihm allein gebührt alle Ehre – jetzt und in Ewigkeit! Amen."*
2. Petrus 3:18 HFA

Was ist denn Wachstum nun wirklich?

Wo liegen die Schwerpunkte?

Im **Erkennen** der Liebe,

ihrem Wesen,

ihrer Weise

und ihrer Erwartungslosigkeit.

Eben in ihrer Vollkommenheit und Überirdischkeit.

Eine Liebe, die der Mensch nicht leben kann.

Und eine Liebe, die, um wirksam in uns zu werden, eingepflanzt und geschenkt sein muss.

Die nicht aus uns selbst produziert werden kann.

Selbst die natürliche Liebe, die dem Menschen von Natur aus mitgegeben wurde, erkaltet immer mehr, so sagt uns die Bibel und so ist es im Weltgeschehen deutlich zu bemerken. Wir haben uns narzisstische Persönlichkeitsstrukturen herangezogen, die jetzt dominieren.

„Und weil Gottes Gedanken immer stärker missachtet werden, setzt sich das Böse überall durch. Die Liebe wird bei den meisten von euch erkalten."
Matthäus 24:12 HFA

Die gute Nachricht, man kann auch heute einer Liebe begegnen, die diese zerstörerische Gesetzmäßigkeit aufhebt.

Und das legt uns Gott immer wieder eindringlich ans Herz. Sucht diese. Begegnet dieser. Sie ist da. Sie wirbt um euch.

Sie sehnt sich nach euch. Sie hat alles bezahlt, um dir alles schenken zu können.

„Er, der doch seines eigenen Sohnes nicht geschont, sondern ihn für uns alle hingegeben hat: wie wird er uns mit ihm nicht auch alles schenken?"
Römer 8:32 ELB

Ihr sagt, ja, das wissen wir.

Aber wir haben uns selbst sehr weit von diesen Worten wegbewegt. Verwickeln uns in Werken, Aktionen, Strukturen und Strategien und verlieren das Eigentliche aus dem Blick.

Ich will das alles nicht aburteilen, ich will nur die andere Seite der Waagschale wieder in den Gesichtskreis rufen. Denn ohne diese eine Seite ist die andere gar nicht existent. Dann ist es schnell geschehen, dass diese eine Seite der Waage eine trügerisch gefüllte ist, in der ich mich selbst verherrliche und darstelle.

Oder wo ich versuche, mir die Gunst Gottes zu verdienen, zu erarbeiten.

Dann lebe ich eine Lüge und denke, ich bin richtig. Diese ist bestimmt von Religiosität oder Humanismus und was sonst noch alles auf dem großen Weltmarkt angeboten wird. Eine Waagschale, die von dem Lügner hochgehalten wird.

Ich selbst habe jahrelang solch einem religiösen Geist gedient und geglaubt, Gott denkt so. Gott verlangt das so von mir. Er treibt mich an. Er ermahnt mich, wenn ich ins Stocken gerate. Er ist ein Gebieter und ich sein gehorsamer Diener. So habe ich meine Kräfte immer wieder neu gebündelt und schweren Herzens um der Liebe Gottes Willen weiter funktioniert. Mein Herz wurde freudlos, unzufrieden und sehr, sehr schwer. Ich begann die Freiheit der Welt zu beneiden und trottete weiter meinem Gott hinterher, der ja auch wie ein Schaf zur Schlachtbank geleitet wurde. Und Worte der Bibel bestärkten mich darin... „der nehme sein Kreuz auf sich und folge mir nach." Glauben wir wirklich, dieses Kreuz tragen zu können? Oder meinen wir sogar, Jesus tragen helfen zu müssen? Was für ein trauriges Bild. Was für ein trauriger Zustand.

Aber ich hielt durch, weil ich ja Gott nicht enttäuschen wollte. Zur Falle wurden die fehlinterpretierten Worte der Bibel und die falsche Unterweisung.

Letztendlich war es mein verzerrtes Bild von der Liebe Gottes zu mir.

Falsche Worte und falsche Lehrer hätten das nicht vollbringen können, wenn mein inneres Bild von der wunderbaren Liebesbeziehung getragen gewesen wäre, die Gott, der Vater zu uns hat.

Der verlorene Sohn schaute diese Liebe bei seiner Rückkehr. Der zweite Sohn, der immer treu da war, war ebenso daneben. Denn er hatte diese Liebe nicht geschaut und vollzog diesen mühsamen Dienst in der Meinung, dass es so von ihm erwartet würde. Er verlor die Liebe zum Vater völlig aus dem Herzen. Sein Dienst war der Dienst eines Sklaven, obwohl er doch in Wirklichkeit Sohn war. Und verborgene Bitternis lebte in ihm.

Jetzt schließe ich den Kreis mit der Frage:

Was ist heilbringendes Wachstum?

Es ist der Schritt zurück zum Anfang. Dahin, wo uns einst diese Liebe begegnete und wir sie erkannten.

Zurück zu dem Moment, wo uns diese Liebe überwältigte.

Was ist geschehen?

Wo haben wir sie verloren?

Wo schlich sich die Lüge ein?

Gott steht vor uns und möchte sie ganz neu in uns aktivieren.

Lass es zu.

Gesteh dir den Mangel ein.

Erkenne die Ursachen.

Und solltet ihr dieser Liebe noch nie begegnet sein, sie steht vor dir und wartet auf dich. Ergreife sie!

LIEBST DU MICH MEHR?

Wir denken bei solchen Fragen an unreife Kinder, an Dreierfreundschaften, wo einer ausgeknockt wird, weil einer zu viel ist.

So denken kleine Kinder bei Sandkastenfreundschaften!

Aber diese Frage stellte Jesus dem Petrus.

Lebte auch in ihm diese Vorstellung?

Warum glaubte er, mehr zu lieben?

„Simon, Sohn von Johannes, liebst du mich mehr als die anderen hier?"

»Ja, Herr«,

Johannes 21:15 HFA

Noch antwortet er mit ja!

Nach dem dritten Mal antwortet er auf die Frage der Liebe völlig anders

„Du weißt alles, Herr!

Hier ist etwas in Petrus geschehen.

Diesmal antwortet Jesus ihm auch mit einem gravierenden Unterschied. Jetzt ist Petrus so weit, dass Jesus ihm ein großes Herzensanliegen anvertrauen kann.

Aber das ist ein anderes Thema. Da geht es dann um eine Frucht innerer Zubereitung.

„Wer sich jedoch einbildet, besser zu sein als die Anderen, der betrügt sich selbst."
Galater 6:3 HFA

Mittlerweile muss ich beschämt eingestehen, dass diese Frage auch in mir lebt. Ich halte mich für besser, weil ich mich mehr hinterfrage, als andere es tun...

So denke ich recht selbstüberzeugt von mir. Das nennt Gott schlicht Hochmut.

Dabei übersehe ich, dass gerade dieses Selbsthinterfragen sowohl Segen als auch Fluch beinhaltet.

Warum hinterfrage ich?

Will ich meine Unschuld ergründen?

Will ich Gottes Absolution?

Will ich bei Ihm der Vorderste sein?

Bin ich schon reifer und geistlicher als andere?

Oder geht es mir tatsächlich darum, zu erkennen, wer ich bin in ihm und wie sehr er für mich ist.

Was schlummert so alles in meinem Herzen?

Selbst bei dem Motiv kenne ich nicht einmal die Antwort. Ich verurteile solche, die urteilen. Somit urteile ich in dem Moment genauso.

Wir alle schwimmen in dieser Hilflosigkeit, nicht wirklich zu Erkennen. Es bleibt, mich genau mit all diesem inneren Chaos in Seine Arme zu kuscheln.

„Du hast versprochen mich im Herzen zu leiten!"

Das macht uns dankbar. Das wirkt in uns Gottes Wärme, Liebe und Barmherzigkeit.

Denn es holt uns von unsrem Hochmut runter und lässt uns beschämt sein über den Neid, den wir am vermeintlich besseren Gegenüber verspüren.

So sitzen wir allesamt in diesem Sandkasten.

Ich jedenfalls finde mich dort wieder.

Jetzt wird die Qualität des Mitmenschen nicht mehr abgewogen, verglichen und beurteilt, denn der eigene Zustand treibt in die schützenden und tröstenden, warmen Arme des Herrn.

An dieser Liebe dürfen wir ruhen!

ANGST VOR DEM STERBEN

„Nie wieder darf ich dem Herrn begegnen hier unter den Lebenden, nie mehr Menschen auf dieser Erde sehen."
Jesaja 38:11 HFA

Hiskia ist todkrank und bittet Gott um Heilung.

Was mich hier verwunderte, waren die Worte seines Gebetes.

Entweder wusste er nicht, wo es nach seinem Tod mit ihm hingeht, oder, was ich annehme aufgrund seiner Biografie, hatte er überhaupt keine Sehnsucht nach himmlischen Orten und des innigeren Zusammenseins mit seinem Gott, wie je auf der Erde möglich.

Er möchte Gott lieber auf der Erde begegnen als im Himmel und mit den Menschen ebenfalls lieber die gefallene Erde bewohnen.

Erst fand ich es unmöglich und stand auch hier wieder hochmütig darüber, doch nach längerem Nachsinnen fand ich mich genau dort wieder.

Du auch?

Wir kleben an dieser Erde trotz all der Enttäuschungen und Unvollkommenheiten.

Wir sind so klein im Glauben, dass wir keine Sehnsucht nach dem perfekt Wundervollen haben. Und wenn Sehnsucht, dann oft nur, weil die

Mühsal uns übermannt und nicht das Verlangen, ungetrübt bei unserem himmlischen Vater zu leben.

Ja, jede Trennung ist schwer, jedes Loslassen. Doch die Trennung von den Liebsten ist aus dieser Sichtweise betrachtet die humanste Verabschiedung, die es gibt.

Wir haben Trennung erlebt durch Versagen, wurden verlassen mit tiefsten Demütigungen. Diese verschmerzen wir mehr als das Loslassen in die Arme des geliebten Bräutigams und ins Vaterhaus.

Den Tod hat man aus unserer humanistischen Welt verbannt, ihn als schlimmsten Feind proklamiert.

Und ja, der Tod in einer gottlosen Welt und ohne eine lebendige Beziehung zu diesem Gott ist das tatsächlich. Das ist der Tod ohne Hoffnung.

Aber der, der den Tod am Kreuz besiegte, ruft uns zu, dass wir nicht mehr sterben, sondern hinübergehen in eine wundervolle Zukunft.

Was glauben wir eigentlich?

Ich bin zutiefst davon überzeugt, dass der Tod keinen Stachel mehr hat, wenn wir die innige Liebe erkennen, mit der wir geliebt sind. Denn diese Liebesbeziehung erweckt in uns die Sehnsucht, immer inniger dort sein zu wollen, wo wir diese Liebe vollkommen genießen werden können.

So vermute ich persönlich, dass auch Hiskia hier Mangel hatte.

Lasst uns den Wunsch verspüren, aus diesem persönlichen Mangel an Gnade herausgeholt zu werden, damit wir getrost und geborgen die Wege gehen können, die Gott für uns bereitet, sei es hier und letztendlich dort.

Seine Wege mit uns sind immer Liebeswege.

Übrigens gab Gott Hiskia 15 weitere Erdenjahre.

Er war nicht enttäuscht über Hiskias geringe Sehnsucht nach Gott selbst.

DAS DANKEN FÜR LEID?

„Doch nicht nur dafür sind wir dankbar. Wir danken Gott auch für die Leiden, die wir wegen unseres Glaubens auf uns nehmen müssen. Denn Leid macht geduldig, Geduld aber vertieft und festigt unseren Glauben, und das wiederum stärkt unsere Hoffnung. Diese Hoffnung aber geht nicht ins Leere. Denn uns ist der Heilige Geist geschenkt, und durch ihn hat Gott unsere Herzen mit seiner Liebe erfüllt."
Römer 5:3-5 HFA

Bedrängnis und Leid bewirkt etwas, nämlich Frucht, standhaftes Ausharren, Geduld und Hoffnung - oder bleibt in Verzweiflung, Burn-out und Depression stecken.

Bei mir geht das öfter durch das Tal der depressiven Verstimmung und Verzweiflung gepaart mit der Angst, drin stecken zu bleiben. Wenn ich an meine Wurzeln denke, so nimmt man an, dass mein biologischer Vater sich das Leben absichtlich nahm, indem er mit dem Auto frontal vor einen Baum fuhr und die letzten Jahre meiner leiblichen Mutter waren gekennzeichnet durch schwere Depressionen. Da auch mir solche Zustände absolut nicht fremd sind, ist der Versucher an diesen Schwachstellen manchmal noch erfolgreich.

Zu meiner großen Freude hat Gott mir aber das Bewusstsein seiner Liebe zu mir, schon tief im Herzen verankert, sodass sich diese Ängste nicht mehr wirklich dauerhaft festkrallen.

Die Hoffnung lässt aber nicht zu Schanden werden, lässt uns Gott durch Paulus ausrichten. Das Leid wird niemals ins Leere gehen.

Das heißt also, es wird kein Steckenbleiben im Tal Endstation sein, kein Burn-out uns zerstören können und kein Eigenmanöver uns ins Aus katapultieren.

Das hieße es, wenn ich dann, genau in diesem gefühlten lost Zustand glauben könnte, dass es so ist, wie Gott hier sagt.

Und genau hier steckt das Problem.

In diesem Loch glaube ich kaum bis gar nicht.

Hier bleibt das innere Sehnen, das Hoffen, dass es wahr ist. Hier bleibt das Ausharren bis wieder gefühltes Land unter den Füßen ist.

Und das ist es, was uns so schwerfällt. Das ist es auch, warum Paulus diese Worte ausspricht. Er möchte Mut machen. **Und nicht, wie man oft versteht, dass wir Freude am Leid haben sollen, jedenfalls ein guter Christ nimmt sein Joch auf sich und schleppt es tapfer. Wie bitte, wir können niemals diese Last tragen.**

Jesus trug sie für uns. Unser Kreuz sieht demnach so aus:

Getragen vom Sohn.

Dieses Kreuz hat leichte Last, denn **uns gilt der Trost im Getragen worden sein** und dass das momentane Schwere **in diesem Bewusstsein** tragbar wird. Tragbar, weil der eigentliche Träger uns mit genau dieser Liebe liebt, die ihn zum Tragen des Kreuzes bewegte.

Dieser Blick eröffnet uns Hoffnung, Trost, schenkt uns Geduld und stärkt uns mit der Zusage, dass der Ausweg längst da ist und die nötige Kraft dazu gelegt wurde.

Das wiederum lässt uns Mut schöpfen in solchen trüben Situationen und scheinbar ausweglosen oder nicht enden wollenden widrigen Umständen.

Es bleibt tatsächlich erst einmal das Innehalten.

Das Aushalten. Das Durchstehen.

Doch auch das nicht ohne Verheißungen. Der Hl. Geist wird mit all seiner göttlichen Kraft in uns und mit uns sein. Die Liebe des Vaters wird sich in schweren Lagen sichtbar und spürbar erweisen. Und letztendlich werden wir die göttliche Frucht erkennen, die man, rückwirkend betrachtet, nie mehr nicht erlebt haben möchte.

Denn genau in diesem Leid begegnete uns Gott. Ein größeres Erleben gibt es nicht.

Hiob sagt: „...denn nun haben meine Augen dich geschaut." Die inneren Herzensaugen wurden aufgetan und oft berichten Menschen auch von sichtbaren Ereignissen.

So erhält Leid eine andere Perspektive und das Grauen vor dem Leid wird umgewandelt in ein stilles, vertrauendes Aushalten, mit der Aussicht, den Herrn mit ganz neuen Augen zu sehen. Das wird ein überwältigtes Herz hervorbringen. Ein Herz, dass in all den bitteren Umständen, eine gewaltige Liebe erkennen durfte.

WENN DIE MÄUSE AUF DEM DACHBODEN PARTY MACHEN …

die Maden ihrer Kadaver von der Decke plumpsen, die mir anvertrauten Kinder Kopf stehen und unsre Köpfe von Läusen besiedelt sind, wenn der eigene Sohn mal wieder vor Gericht steht, dann spielen die Nerven Hartrock-Solo.

„Den Erschöpften gibt er neue Kraft, und die Schwachen macht er stark."
Jesaja 40:29 HFA

Wie es denn so kommt, kommt alles auf einmal.

Oft in der Vergangenheit empfand ich mein Nervensystem wie zu stark angezogene Gitarrenseiten kurz vor dem Zerspringen.

Es war der letzte Winter vor Corona.

Und noch keinerlei tatsächlicher Hinweis, was die Menschheit überrollen sollte.

Und während ich jetzt diese Zeilen ein Jahr später schreibe, ist auch noch keinerlei Hinweis auf ein Ende der Weltkrise absehbar.

Nun ja, erst einmal befand ich mich in einer Situation wieder, die mich arg forderte.

Es war die Vorweihnachtszeit, in der die Kinder aus der Wohngruppe sowieso schon, wie jedes

Jahr, aufgedreht sind. Der Kampf mit den Kopfläusen schien kein Ende zu nehmen, selbst mein Kopf blieb mehrmals nicht verschont.

Dazu all die Weihnachtsvorbereitungen.

Dave, mein Sohn, fand sich vor Gericht wieder und auch das ließ mein Mutterherz bangen. Damit aber auch Zuhause keine Ruhe einkehrt, erlebte ich eine Mäuseplage auf dem Dachboden. Was für einen Lärm solch kleine Dinger doch verursachen können!

Mehrmals ließ ich einen Kammerjäger kommen, mit dem Ergebnis, dass sich in den Mäusekadavern Maden bildeten, die dann durch die Holzdecke genau auf mein Bett purzelten.

Abends durchsuchte ich mein Bett mit der Taschenlampe, um nicht wieder von dem unangenehmen Kribbeln durch die Würmer am Körper erschreckt zu werden. Es war einfach iiih. Und den Schlaf brauchte ich doch so nötig für mein Tagwerk im Kinderheim.

Eine Maus rutschte anscheinend durch die Zwischenwände und blieb in der Küchenwand stecken, von wo sie fast drei Wochen einen ekligen Verwesungsgeruch ausströmte. Diesen versuchte ich mit viel Parfüm zu überdecken.

Irgendwann war dann aber auch die letzte Maus erledigt und Ruhe kehrte innerlich und äußerlich ein.

Auch die Gerichtssache verlief positiv und die Kinder in der Wohngruppe überlebten ihre Spannung und Überdrehtheit.

So hielt dann Corona Einzug. Diese Auswirkungen hat jeder selbst erlebt. Und auch das, was Corona mit der Psyche vermag anzurichten. Dazu die vielen, vielen Fragen ohne Antwort.

Nun stand der nächste Winter vor der Tür. Mit all den Beschränkungen. Und die Mäuse kehrten ebenfalls wieder auf meinem Dachboden ein.

Das war eine Horrorvorstellung für mich. Das würde ich nicht noch einmal schaffen.

Auch für die Kinder war wieder Vorweihnachtszeit. Doch diesmal beschwert nach all den Umstellungen durch den Virus.

Sie wurden aggressiv und sehr verletzend, gegenseitig und gegen uns Erwachsene. Wir Betreuer hatten es nicht einfach und machten es uns im Miteinander noch zusätzlich schwer. Es war wie große „Tritte" und hin und wieder kleine Liebesbeweise. Auch heute noch tut es mir arg weh, „getreten" zu werden. Selbst bei den Kindern, deren oft verheerende Schicksale solche Verhaltensweisen hervorriefen. Kinder, denen diese Verhaltensmuster vertraut sind und die Liebe und Zuneigung sehr schlecht annehmen können. Es ist ihnen sogar unangenehm, da sie es nicht kennen. Das Urvertrauen fehlt.

Auch wenn ich um all diese Zusammenhänge weiß, der Schmerz will mich regelmäßig in die Knie und zum Aufgeben zwingen. Der alte Schmerz, die verheilten Wunden.

Wenn diese noch immer Macht auszuüben vermögen, wie viel mehr tun es unversorgte Wunden, offene Geschwüre und eiternde Prozesse.

Nun zurück zu den Mäusen.

Einmal ließ ich den Kammerjäger wiederkommen, doch die Mäuse tobten ungehemmt weiter. Ich war wirklich verzweifelt und diesmal ließ mich der Gedanke nicht los, dass Gott nicht nur das Sagen und Lenken der Menschengeschicke hat, sondern dass auch die Tiere sein sind. Gott sagte sogar ganz zu Anfang der Schöpfung, dass der Mensch über die Tiere herrschen solle. Ich musste außerdem an die Arche Noah denken und an den Esel Bileams.

Und so stellte ich mir vor, dass sie auf meinem Dachboden nichts verloren haben, dass ich sie in der Autorität Gottes wegschicken darf. Und das versuchte ich dann.

Jedes Mal, wenn ich ihnen befahl, nein teilweise schrie ich sie genervt an, mein Haus zu verlassen, hatte ich den Eindruck, dass sie sich vom Dachboden entfernten...und es wurde ruhig. Die ersten Tage glaubte ich noch an Zufall. Doch es war keine Einbildung und so nach und nach kehrte völlige Ruhe ein. Ich selbst bin davon überzeugt, dass von dem Moment an, wo ich aus Verzweiflung tatsächlich begann mich auf **den einen Ausweg** zu besinnen, nämlich Gottes Kraft und Gottes Worte, mussten die Mäuse weichen. Nicht Gott hatte sie dort einquartiert, das war der Zerstörer, der alle Register zieht.

Doch gerade an diesen Mäusen lernte ich eine wertvolle Lektion, für die ich im Nachhinein sehr dankbar bin. Diesmal durfte ich feststellen, dass in dem ganzen Chaos doch eine gewisse Stabilität und Gelassenheit vorhanden war, wie ein Konzert, das den Ausgleich schafft, ohne zu erwarten, dass jeden Moment die Gitarrenseite zerspringt.

Letztendlich enthob mich Gott selbst aus der schweren Arbeit mit den Kindern. Ich gab ihnen mit, was ich zu geben gehabt hatte, aber ich hatte nicht mehr.

Nun durfte eine Zeit mit neuen Wegen beginnen. Denn Gott sah, dass ich wieder an meinen menschlichen Grenzen angekommen war und nun etwas ruhigere Bahnen, vielleicht in der Seelsorge, beschreiten darf.

Trotzdem fiel mir der Abschied von den Kindern sehr schwer und im Herzen und Gebet möchte ich weiter für sie eintreten.

Gott setzt Grenzen. Ich war an einer Weggabelung angelangt. Er wacht liebevoll über uns. Er schafft Wege und Auswege.

Nun beginnt für mich wieder ein neuer Lebensabschnitt, ein neues 7. Jahr.

Ich bin gespannt, was sich der Lenker der Geschicke weiter für mich ausgedacht hat.

So werde ich hier meine Schilderungen der Erlebnisse mit und Erkenntnisse über Gott beenden.

Ich wünsche mir sehr, dass der ein oder andere etwas für sich persönlich mitnehmen darf.

Dafür werde ich beten.

Möge Gott einen Segen auf dieses Buch legen.

Mögen viele Herzen gestärkt werden.

Möge Gott euch ganz neu begegnen.

Möge er uns alle zur ersten Liebe zurückführen.

Dorothy

Dorothy Tinfield

Mein Leben ist gekenn-zeichnet von vielen per-sönlichen Tief- und Rück-schlägen. Alles begann schon mit 6 Jahren, als ich auf unschöne Weise erfahren musste, dass ich ein Heimkind bin. Es gab sexuellen Missbrauch und Beziehungen voller Ge-walt und Drogenkonsum. Zuletzt fragte ich mich, ob das alles überhaupt noch Sinn macht. Die Su-che nach Liebe und Annahme trieben mich in eine Sackgasse, bis das Leben von unerwarteter Seite eine völlig neue Wende nahm. Obwohl es mich noch durch viele Höhen und Tiefen führen sollte.

Mit meinen Büchern möchte ich anderen Men-schen, die ähnliches erlebt haben, Mut machen. Es gibt immer einen Weg! Inzwischen darf ich Menschen begleiten auf notvollen Wegen.

Sie finden mich unter

Dorothy Tinfield auf Facebook

Von der Autorin ist auch erschienen:

„Und wenn man nicht mehr weiter will?"

Biografie

Die ewig Verstoßene, mein Trauma, mein Lebensgefühl! Ohne das Bewusstsein, einen gültigen Berechtigungsschein für diese Erde zu haben, führte mich meine Sicht der Selbstbetrachtung immer tiefer in zerstörerische Verstrickungen und Süchte. Das Buch erzählt die Geschichte von Selbstablehnung und Verirrung. Ein Weg über Verlassenheit, Missbrauch und Misshandlung, gefangen in Ängsten und **vom Leben gefunden worden!**

„Wenn die Seele aufgehoben wird."

Das zweite Buch soll den Leser an die Hand nehmen und mit in die größte Liebesgeschichte hineinführen, die es je gab, den Weg zum Herzen Gottes. Dort findet echte Heilung statt.

Alle Bücher sind auch als Ebook-Ausgabe erhältlich